TEPS in
TEPS

650문법

박기혁

서울대학교 졸
(현) 메가스터디 어학센터 TEPS 강사
(현) SLA 학원 TEPS 대표 강사
(현) 중앙일보 영자 신문 중앙 데일리 교육 분야 객원 논설위원
(현) 한국 생산성 본부 영어 전임 강사
(현) PTT(Park's TEPS Teacher's Group) 대표 강사
-TEPS의 최고를 지향하는 강사들의 모임

황혜정

고려대학교 국제대학원 석사
(현) LAWSPA TOEIC 강사
(현) SLA (서울법학원) TOEIC 강사
(현) 어울림 커뮤니케이션 번역회원
(현) 청담어학원 TEPS 강사

TEPS in TEPS 650 문법 2nd Edition

저자 | 박기혁 · 황혜정
초판 1쇄 발행 | 2009년 5월 25일
개정 5쇄 발행 | 2018년 3월 23일

발행인 | 박효상
총괄이사 | 이종선
편집장 | 김현
기획 · 편집 | 김효정, 김설아
디자인 | 김보연
마케팅 | 이태호, 이전희
관리 | 김태옥

Special Staff
표지 | 장선숙
내지 | 홍수미
편집 | Susie Park
조판 | 한현식

출판등록 | 제10-1835호
발행처 | 사람in
주소 | 121-839 서울시 마포구 양화로11길 14-10(서교동) 4F
전화 | 02) 338-3555(代) 팩스 | 02) 338-3545
e-mail | saramin@netsgo.com
Homepage | www.saramin.com

:: 책값은 뒤표지에 있습니다.
:: 파본은 바꾸어 드립니다.

ⓒ 박기혁 · 황혜정 2009

ISBN 978-89-6049-192-2 13740
       978-89-6049-175-5 (세트)

사람이 중심이 되는 세상, 세상과 소통하는 책 사람in

TEPS in
TEPS

650문법

박기혁·황혜정

사람in
saram
in.com

Preface

영어 시험을 둘러싼 여러 가지 환경 변화에 의해서 TEPS의 중요성은 나날이 강조되고 있고 그 특징 또한 뚜렷이 변화를 겪고 있다.

첫째, 갈수록 문제가 다양화되고 있고 더욱더 세련되어지고 있다.
둘째, 시험을 치르는 대상 연령층이 자꾸 낮아지고 있다.
셋째, 특목고나 외고, 로스쿨이나 의학전문대학원 진학 등 그 쓰임새가 더욱 광범위해졌다.

이러한 세 가지 변화에 발맞추어, TEPS 교재도 다양화되고 진화되어야 하는데, 현재의 교재 시장은 그러한 가시적인 변화에 능동적으로 대처하지 못하는 것이 사실이다. 이에, 이번 TEPS in TEPS 시리즈를 통해서 진화하는 TEPS에 가장 적합한 패러다임을 제시하고자 한다.

TEPS는 참으로 복잡하고 미묘한 시험이다. TOEFL처럼 학문적인 점에 초점을 맞추는 것도 아니고, TOEIC처럼 실용 언어적인 측면만을 강조하는 시험도 아니다. 어쩌면 이 둘의 장점만을 모아 놓은 시험이라 할 수 있겠다.

학문적인 내용들을 풀어가되 좀 더 현실성을 부여하여 실용적으로 쓰이는 영어들을 묻는 것이다. TEPS가 최근 시험 시장에 지각 변동을 일으키고 있는 이유는 이런 장점이 토대가 되었다고 볼 수 있다.

TEPS는 실제로 회화를 하다가 혹은 네이티브가 보는 외국 신문 등을 읽다가 느끼는 애로사항을 잘 해결해 줄 수 있는 시험이다. 어휘력의 측면에서 보아도 실생활에서 우리는 이런 어려움을 겪는다. '단어 하나하나의 해석은 되는데 왜 전체적으로는 독해가 안 되고 해석이 안 될까?', '이 상황에서 저 말은 대체 무슨 뜻으로 쓰이는 걸까?'

그것은 바로 간단한 단어라도 초보적으로 배웠던 사전적 지식 외에 실생활에서는 다양한 뜻으로 활용되기 때문이다.

이처럼 네이티브와의 가장 적절한 의사소통에 초점을 둔 TEPS는 지극히 영어수험과 영어실용의 접목이라는 공인영어시험의 목적에 가장 합당한 인증시험이라 하겠다.

TOEIC이 점수 인플레로 상위권 수험생의 변별력을 상실했다는 비판이 많다. TEPS는 TOEIC과 같은 패턴의 지속적인 반복만으로는 해결할 수 없는 시험이다. 이에 학습자들도 이런 TEPS에 대한 관심과 욕구가 더욱 늘어나고 있는 현실이다.

필자는 좀 더 실용적이고 영어 실력 향상에 도움이 되는 TEPS에 대한 관심이 높아지고 있는 것은 고무적인 일이라 생각한다. 그리고 그런 TEPS를 연구하고 학습하는데, 이 'TEPS in TEPS 시리즈' 가 선구자적인 역할을 하길 진심으로 바라는 마음으로 문제 하나 설명 하나에 세심한 신경을 쓰면서 작업에 임하였다.

혼자서는 할 수 없었던 작업에 언제나 도움이 되었던 분들께 감사의 마음을 전할까 한다. 늘 미안한 마음이 드는 가족들과, 사람인 출판사의 박효상 사장님, 김상호 팀장님, 조승주 대리님 그리고 이 책의 출간에 물심양면으로 도움을 주신 류건 선생님, 신일섭 조교, 윤이랑 조교에게도 아울러 감사의 뜻을 표하고 싶다.

PPT(Park's TEPS Teacher's Group) 대표 강사

박 기 혁

TEPS in TEPS

학생들의 자습서와 학원 교재의 성격을 둘 다 가질 수 있게 만들었다. 그래서 학원에서의 강의는 물론 독학용으로도 사용하도록 준비했다.

1. 상세한 해설을 통해 정답을 공략하는 법과 함께 오답을 피할 수 있는 Skill들을 제시하여 좀 더 높은 점수로의 도약이 가능하게 하였다.

2. TEPS의 4대 영역(독해, 어휘, 청해, 문법)과 기준 점수대별로 학습 목표와 가장 효율적인 방법들을 제시하여 좀 더 전문적이고 체계적인 학습자 맞춤형 학습이 가능하도록 하였다.

3. 애매모호한 이론이나 군더더기 설명을 최대한 배제하여 학습 시간 대비 효율성을 극대화 하도록 구성하였다.

TEPS in TEPS

1. 기본적인 문법 사항을 정리 Basic Grammar

Warm Up의 개념에서 기본적인 문법 사항들을 먼저 짚어볼 수 있도록 하였다. 기본부터 밟아가는 단계적인 학습법으로 문법에 대한 두려움을 없애도록 하였다.

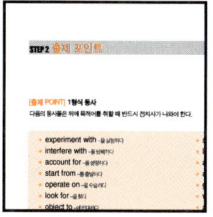

2. TEPS 문법 출제 요소들만 엄선한 출제 Point

TEPS에 자주 출제되는 문법 요소들을 Point 별로 제시하였다. TEPS 문법의 핵심만을 정리한 설명을 통하여 가장 적절한 TEPS 문법의 해결책을 완성하였다.

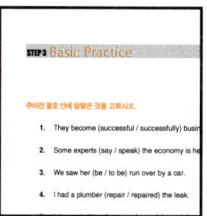

3. 출제 포인트를 적용해보는 Basic Practice

간단해 보이는 문장들이지만 출제 포인트 부분을 가장 효율적으로 체크할 수 있도록 하였다. 자신의 이해도를 점검해보고 미처 알아두지 못했던 부분은 다시 한 번 정리할 수 있도록 하였다.

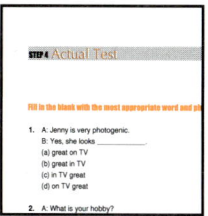

4. 자신만의 노하우를 만들어가는 Actual Test

TEPS 문법 문제에 자주 나오는 것들로 구성된 random한 테스트를 통해서 각 Chapter 별 문법 요소만이 아닌 다양한 연습을 할 수 있도록 하였다.

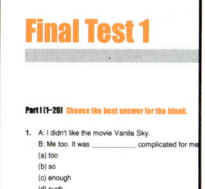

5. 실전보다 더 실전 같은 Final Test

TEPS와 가장 가까운 문제들만을 엄선하여 학습자들로 하여금 실전 감각을 최고조에 이를 수 있도록 하였다. 기존의 TEPS 문제들에 대한 대비는 물론 출제가 예상되는 부분들까지 반영하여 완벽한 연습이 가능하도록 하였다.

PART IV 수식어구

PART V 기타 구문

Final Test

PART I

영어문장의 구성

Chapter 01 문장의 형식

[1] 문장의 형식

문장의 형식이란 '주어+동사' 로 나타내는 영어의 가장 단순한 기본 구도 안에서의 문제로서 무엇이 동사 뒤에 오는가의 문제가 된다. 동사의 뒤에 오는 성분은 대체로 목적어와 보어가 된다. 따라서 그 조합에 따라 다음과 같은 5가지의 형식이 생길 수 있다.

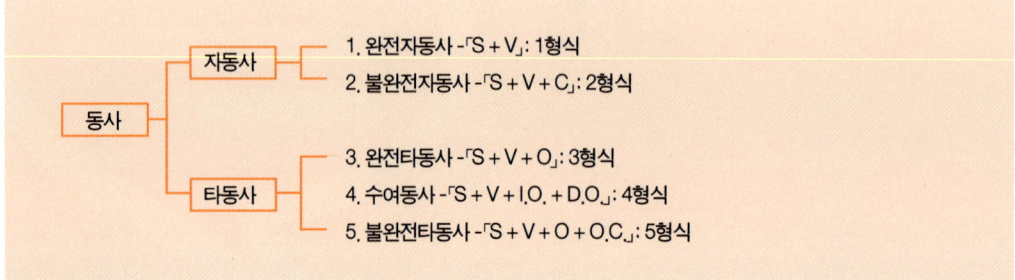

이 때 목적어가 와야 하는 동사를 타동사, 목적어가 없어도 되는 동사를 자동사라고 하는데, 각각 위와 같이 나눠진다.

[2] 목적어

목적어란 명사나 명사상당어구로서 타동사나 전치사 뒤에 나오는 것이다. 타동사는 목적어를 뒤에 수반하여 문장을 완전하게 하는 동사를 말한다.

We celebrated her birthday. ◉ 명사가 목적어로 쓰임
(우리는 그녀의 생일을 축하해 주었다.)

I enjoyed playing baseball. ◉ 동명사가 목적어로 쓰임
(나는 야구하는 것을 즐겼다.)

I can't understand what he said. ◉ 명사절이 목적어로 쓰임
(나는 그가 말한 것을 이해할 수가 없다.)

[3] 보어

보어는 2형식과 5형식에서 나온다. 보어로는 주로 형용사나 명사가 오지만 to부정사 , 현재분사 등도 올 수 있다.

Mr. Brown was a good professor. ◎ 명사가 보어로 쓰임
(브라운 씨는 좋은 교수님이셨다.)

Might is right. ◎ 형용사가 보어로 쓰임
(힘이 정의이다.)

[4] 제 3, 4형식

3형식은 '주어 + 동사 + 목적어' 로 이루어져 있다. 4형식은 '주어 + 동사 + 간접목적어 + 직접목적어' 의 형태로, 하나의 목적어로는 완전한 의미가 성립되지 않아 두 개의 목적어를 취하는 동사, 즉 수여동사가 주로 4형식에 쓰인다. 일반적으로 출제 빈도는 3형식보다 4형식이 높다.

I gave him a gift.
(나는 그에게 선물을 주었다.)

He told me to stay here.
(그는 나에게 여기에 머물라고 말했다.)

I owed the teacher an apology.
(나는 그 선생님께 사과할 일이 있다.)

[출제 POINT] 1형식 동사

다음의 동사들은 뒤에 목적어를 취할 때 반드시 전치사가 나와야 한다.

- **experiment with** ~을 실험하다
- **interfere with** ~을 방해하다
- **account for** ~을 설명하다
- **start from** ~에서 출발하다
- **operate on** ~을 수술하다
- **look for** ~을 찾다
- **object to** ~에 반대하다
- **consent to** ~에 동의하다

- **sympathize with** ~을 동정하다
- **listen to** ~의 말을 듣다
- **add to** ~에 더하다
- **arrive at** ~에 도착하다
- **graduate from** ~를 졸업하다
- **wait for** ~을 기다리다
- **agree to** ~에 동의하다

He **graduated from** Seoul University in 2002. (O)
He graduated Seoul University in 2002. (X)
(그는 2002년에 서울 대학교를 졸업했다.)

[출제 POINT] 2형식 동사

다음의 동사 뒤에는 형용사 보어가 나와야 한다.

become형 상태변화 동사	become grow turn go run fall
remain형 상태유지 동사	remain keep lie hold continue stay
감각동사	feel look taste smell sound

[출제 POINT] 4형식 동사

다음의 동사들은 4형식으로만 쓰인다는 것에 주의해야 한다.

envy   save   forgive   cost   take   strike

I will **forgive** you your sin. (O)
I will forgive your sin for you. (X)
(나는 너의 죄를 용서해줄 것이다.)

[출제 POINT] 5형식 동사: 사역동사와 지각동사

● 사역동사와 지각동사는 5형식 문장을 이룰 때, 목적보어 자리에 원형부정사나 분사를 취하며, 이 두 가지 동사들의 목적보어 자리에 to부정사가 올 수 없다.
● 사역동사: 사역동사 + A + B A가 B 하도록 시키다/하게 하다
● 지각동사: 지각동사 + A + B A가 B 하는 것을 ~하다

시각	see	watch	look at	find
청각	hear	listen to		
기타	feel (느끼다)	perceive (인식하다)	notice (깨닫다)	

He **had** them **wait** in the cab. (O)
He had them to wait in the cab. (X)
(그는 그들을 택시 안에서 기다리게 했다.)

Simple Check

1. I (objected to / objected) that plan.

2. He kept (silent / silently) to the last.

3. I envy (you your success / your success for you)

4. They made us (to participate / participate) in the game.

주어진 괄호 안에 알맞은 것을 고르시오.

1. They become (successful / successfully) businessmen and consultants.

2. Some experts (say / speak) the economy is headed for a recession.

3. We saw her (be run / to be run) over by a car.

4. I had a plumber (repair / repaired) the leak.

5. I persuaded her (to come / come) for a visit.

다음 문장에서 틀린 부분을 찾아 고치시오.

6. The situation in the factory looked so seriously that it appeared as if a strike might break out at any time.

7. The family environment is apt to influence upon what kind of person a child eventually matures into.

8. Having spent his last penny for the cheese, he was determined to eat it all, even if it tasted bitterly to him.

9. Imagine my surprise when I saw one man in the car pulled out a pocket book and begin to read.

10. Aspirin can help reduce painful and fever especially when you have a headache.

STEP 4 Actual Test

Fill in the blank with the most appropriate word and phrase.

1. A: Jenny is very photogenic.
   B: Yes, she looks _____.
   (a) great on TV
   (b) great in TV
   (c) in TV great
   (d) on TV great

2. A: What is your hobby?
   B: I _____ very much.
   (a) enjoy fishing
   (b) enjoy to fish
   (c) enjoy fish
   (d) am enjoy to fish

3. A: Do you know why Jenny and Greg broke up?
   B: _____ that he absolutely betrayed her.
   (a) It says
   (b) It is said
   (c) There has been said
   (d) There has said

4. A: These days, water pollution is really serious.
   B: _____, water pollution can reach a dangerous level in the near future.
   (a) Unless checking
   (b) While checking
   (c) While checked
   (d) Unless checked

5. A: What did the soldier say to you?
   B: The soldier said firmly that he _____ himself than surrender to the enemy.
   (a) would rather kill
   (b) would rather be killed
   (c) would kill
   (d) would be killed

6. A: What brought you here?
   B: I just _____ to say hello.
   (a) came by
   (b) come by
   (c) have came by
   (d) will come by

7. The cold weather prevented her from _____.
   (a) to go out
   (b) go out
   (c) being go out
   (d) going out

8. Please, take care to keep the wound from _____.
   (a) being infected
   (b) to be infected
   (c) be infected
   (d) infecting

9. The bad habit cost _____.
   (a) his health to him
   (b) him his health
   (c) him for his health
   (d) his health him

10. Only three or four minutes _____ after the patient's arrival in the emergency
    room when Dr. Lee took charge of his case.
    (a) had passed
    (b) were passing
    (c) have passed
    (d) had been passed

11. About 500 students _____ to graduate this year.
    (a) are expected to be
    (b) were expected
    (c) expect to be
    (d) are expected

12. He seems to have cut _____ shaving this morning.
    (a) his
    (b) him
    (c) himself
    (d) his own

Identify the grammatical error in the dialogue.

13. (a) A: I'm sorry I didn't call you last night.
    (b) B: What happened? Did you lose your cell phone again?
    (c) A: It just slipped my mind. I'm really sorry.
    (d) B: Next time, don't forget calling.

14. (a) A: How long have you been here?
    (b) B: I came here last December.
    (c) A: Oh, so by the end of this month, you have been here three months.
    (d) B: That's right.

Identify the ungrammatical sentence in the passage.

15. (a) Every action have consequences. (b) Among the consequences of any action are other actions. (c) And knowing whether an action is good requires knowing whether its consequences are good. (d) But we cannot know the future.

Chapter 02 문장과 접속사

[1] 접속사는 문장과 문장을 이어준다.

문장과 새로운 문장을 잇기 위해서는 접속사가 필요하다. 문장은 '주어+동사' 로 이루어지므로, 접속사가 존재한다면 문장은 두 개이고 동사도 두 개인 셈이 된다.

[2] 전치사와 접속사

전치사는 접속사와 달리 뒤에 문장이 오지 않고 목적어로서 명사나 명사구 등이 온다.

Because of rain, the meeting was cancelled.

(비 때문에, 그 모임은 취소되었다.)

because of ~는 뒤에 rain이라는 목적어가 왔기 때문에 전치사이다.

Because it rained, the meeting was cancelled.

(비가 왔기 때문에, 그 모임은 취소되었다.)

because ~는 뒤에 문장(주어+동사)이 왔기 때문에 접속사이다.

이와 같이, because~(접속사)와 because of~(전치사)의 구분을 명확히 할 줄 알아야 한다. 아울러 despite(전치사)와 though(접속사)를 구별하는 법도 잘 알아두어야 한다.

Despite his broken leg, Allan can walk well enough to get around.
=**Though** he had his leg broken, Allan can walk well enough to get around.

(부러진 다리에도 불구하고, Allan은 주변을 돌아다닐 정도로 잘 걸을 수 있다.)

[3] 등위접속사와 종속접속사

등위접속사는 '단어, 구, 절' 을 모두 연결할 수 있지만, because 같은 종속접속사는 '절' 만 연결할 수 있다.

- 단어를 연결한 예

    Jane washes **and** irons her shirts everyday. ◎동사 2개 연결

    (Jane은 매일 그녀의 셔츠를 세탁하고 다림질한다.)

- 구를 연결한 예

    To hear, to speak, **and** to write good English, requires constant practice.

    (영어를 잘 듣고 말하고 쓰는 것은 꾸준한 연습을 필요로 한다.)

- 문장을 연결한 예

I had bought the car **but** I sold it later.
(나는 차를 샀으나 나중에 팔았다.)

- 종속접속사의 경우

Because he is idle, he failed. (O)
Because his idleness, he failed. (X)
(그는 게을렀기 때문에 실패했다.)

[4] 형용사절, 부사절

형용사절, 부사절은 문장에서 각각 형용사, 부사의 역할을 한다.

The house which I live in is blue.
(내가 사는 집은 파란색이다.)

관계사(which) 이하는 앞의 The house를 수식하는 형용사절이다.

[5] 명사절

문장에서 주어, 목적어, 보어 역할을 하는 명사의 기능을 가진 절이며, 이러한 명사절을 이끄는 접속사에는 that, whether, if, 의문사, 관계대명사, 복합관계대명사, 관계부사 등이 있다.

That she killed herself is unbelievable. ◎주어절
= It is unbelievable that she killed herself.
(그녀가 자살했다는 것은 믿을 수 없다.)

The question is **whether** he will invest or not. ◎보어절
(문제는 그가 투자를 할 것인가 아닌가이다.)

[출제 POINT] 접속사와 전치사의 구분

특히 접속사이면서 전치사 성격을 띠는 단어들에 유념한다. 대표적인 단어로서 특히 because가 TEPS에 많이 출제된다.

The LA Lakers won the championship **because** they had the better players. (O)
The LA Lakers won the championship because of they had the better players. (X)
(LA 레이커스는 뛰어난 선수들을 가졌기 때문에 챔피언십에서 우승을 차지했다.)

[출제 POINT] 등위접속사의 병렬 구조

등위접속사가 연결하는 A, B는 문법적으로 동일한 요소여야 한다.

- and, but, or, nor
- so, yet, while, nevertheless, for

He has remained poor, **while** his ex-wife has made much money.
(그는 계속 가난한 반면, 그의 전 부인은 많은 돈을 벌었다.)

[출제 POINT] 명사절을 이끄는 접속사

명사절로 쓰이는 that과 if(whether)의 차이에 유념한다. that은 주로 '~하는 것' 이라는 의미로, if(whether)는 '~인지 아닌지' 의 의미로 쓰인다.

I don't know **if** he will come. ◉목적어절
(나는 그가 올지 안 올지 모른다.)

[출제 POINT] 부사절

부사절은 시간적, 인과적 , 가정적 의미를 나타낸다. 상황에 따라서 적절한 부사절을 사용하도록 한다. 즉, 주문장과 별개의 부사적 의미를 가지는 문장을 이끄는 부사절은 크게 인과적 부사절, 시간적 부사절, 가정적 부사절 등 세 가지로 나누어진다.

● 시간 표시 부사절을 만드는 접속사

- **when** ~할 때는, ~하면
- **while** ~하는 동안, 한편
- **before** ~하기 전에
- **after** ~한 후에
- **as soon as** ~하자마자
- **since** ~한 이래로, ~때부터 줄곧
- **whenever** ~할 때에는 언제나
- **once** 일단 ~하면

- **till(until)** ~할 때까지
- **the moment** ~하자마자
- **as** ~할 때에, ~하면서
- **as(so) long as** ~하는 동안, ~하는 한

특히 시간(또는 조건)을 나타내는 부사절에서는 미래 대신에 현재를 쓴다는 것에 유의한다.

I will wait for you **until** you come here. (O)
I will wait for you until you will come here. (X)
(당신이 여기 오실 때까지 기다릴 것입니다.)

- 원인 표시 부사절을 만드는 접속사

- **because, since, as, for** ~때문에
- **seeing (that)** ~ ~이기 때문에, ~을 생각하면
- **now that** ~ ~이니까, 지금 ~해서
- **on the ground that** ~ ~라는 이유로

He is very rude **on the ground that** his father is the head of this college.
(그는 아버지가 이 대학의 학장이라는 이유로 매우 무례하다.)

- 조건 표시 부사절을 만드는 접속사

- **if** 만약 ~이면(라면)
- **in case (that)~** ~인 경우에(대비하여=in the event that)
- **so long as~** ~하는 한(=only if~), ~하는 동안에는
- **provided (that)~** ~을 조건으로 하여, 만일 ~이라면
- **unless** 만약 ~하지 않으면(= if ~not)
- **on condition that~** ~라는 조건으로, 가령 ~이라면
- **as[so] far as~** (거리. 범위. 정도가) ~까지, ~하는 한
- **now that** ~한 이상

I will marry her **unless** you object to it.
(만일 당신이 반대하지 않는다면, 나는 그녀와 결혼할 것입니다.)

Simple Check

1. Which do you like better, (dogs or cats / dogs or cat)?

2. I wonder (whether / that) this was the right thing to do.

3. (Since / Although) there was an accident on the highway, the driver decided to take a detour.

4. (Unless / Although) one shares common belief, modern music will be difficult to understand.

Answer 1. dogs or cats 2. whether 3. Since 4. Unless

주어진 괄호 안에 알맞은 것을 고르시오.

1. (Whether / Unless) an object floats on water depends on the density of both the object and the water.

2. (Since / Even though) he was a genius, it wasn't noticeable because he was late in beginning to talk.

3. If you are making mistakes, that means you are taking risks, and you won't grow (now that / unless) you take risks.

4. The legal system can be largely classified as (both / either) common or civil law.

5. Our life is not short, (but / and) we make it so.

다음 문장에서 틀린 부분을 찾아 고치시오.

6. He didn't go to school, and stay at home.

7. We must not have this food, though it seems the fish has gone bad.

8. No matter what people say, it is though the truth.

9. We must work now to protect the future of the earth, but it may be too late.

10. Even if he was late to work so often, the boss fired him.

Fill in the blank with the most appropriate word and phrase.

1. A: Having a dinner at the restaurant is very expensive on Christmas eve.
    B: Cost _____ it may, I'll have it with my fiancee.
    (a) that
    (b) however
    (c) what
    (d) how

2. A: Have you made up your mind about joining the party?
    B: I'm still wondering _____ to go or not.
    (a) unless
    (b) even though
    (c) whether
    (d) while

3. A: According to the forecast, the tomorrow weather will be colder than today.
    B: Let's keep the heating on _____ the temperatures drop below zero overnight.
    (a) unless
    (b) meanwhile
    (c) so that
    (d) in case

4. A: Let's go to the supermarket, _____?
    B: Okay, let's go.
    (a) will you
    (b) won't we
    (c) shall we
    (d) we shall

5. A: Do you smoke?
    B: No, but I _____.
    (a) was used to
    (b) used
    (c) used to
    (d) have used

6. A: John must get a scholarship to go to school.
   B: Is that the only condition _____ he can go?
   (a) which
   (b) for which
   (c) of which
   (d) in which

7. Jane, as well as her parents, _____ going to Europe.
   (a) is
   (b) are
   (c) have
   (d) has

8. You use the same amount of energy whether you walk _____ a mile, since in both cases you are moving the same weight in the same distance.
   (a) or jogging
   (b) nor jog
   (c) or jog
   (d) nor jogging

9. Some are born natural mechanics, _____ some have great aversion to machinery.
   (a) for
   (b) while
   (c) with
   (d) and

10. Mr. Han ran off _____ he saw me.
   (a) for
   (b) as long as
   (c) the moment that
   (d) once in a while

11. I fixed the window this morning which _____ by someone.
   (a) was broken
   (b) had been broken
   (c) have been broken
   (d) was breaking

12. There _____ to me a few possible explanations for his behavior.
   (a) is occurred
   (b) are occurred
   (c) occur
   (d) occurs

Identify the grammatical error in the dialogue.

13. (a) A: Coffee in Europe is too strong for me.
   (b) B: Why don't add you hot water or milk to make it weaker?
   (c) A: Okay. Could you pass me the milk?
   (d) B: Here you go.

14. (a) A: May I help you?
   (b) B: Yes, my puppy's got wrong something with his paw.
   (c) A: Let me see. Which one?
   (d) B: The right, front one. He's been limping for two days.

Identify the ungrammatical sentence in the passage.

15. (a) It is widely believed that it is always wrong to tell lies. (b) But this is a rule almost no one fully complies by. (c) In fact, lying is often the morally appropriate thing to do. (d) It is morally correct to lie when telling the truth is harmful to others.

Chapter 03 절

[1] 관계사와 접속사의 차이

관계사는 접속사처럼 문장과 문장을 이어주는 역할을 한다.

This is the house and he lives in it. ◎ 접속사에 의한 연결

(그곳은 집이다 그리고 그는 그곳에 살고 있다.)

This is the house which he lives in. ◎ 관계사에 의한 연결

(그곳은 그가 살고 있는 집이다.)

두 문장 중 위의 문장은 접속사 and로 연결되어 있다. 그러므로 접속사의 앞, 뒤는 모두 완전한 문장 구조를 가지고 있다. 그러나 아래 문장은 관계대명사로 이어져 있고, 관계대명사 뒷부분, 즉 which 이하 부분이 선행사 house를 수식하는 형용사절 역할을 하고 있다.

[2] 관계사 who(whose / whom)

who는 사람이 선행사가 되면서 뒤의 문장과 선행사를 연결해 주는 역할을 하는 관계사이다.

- **주격 who**: 선행사가 사람이며, 주어 역할을 할 때 who를 쓴다.
  주어 역할을 하기 때문에 관계대명사 뒤에는 주로 동사가 온다.
  There is a man who wants to see you.
  (너를 보고 싶어하는 한 사람이 있다.)

- **소유격 whose**: 선행사가 사람이며, 관계대명사와 다음에 바로 오는 명사가 소유관계를 성립한다.
  I met a girl whose dress was very luxurious.
  (나는 옷이 매우 사치스러운 한 소녀를 만났다.)

- **목적격 whom**: 선행사가 사람이며, 선행사가 관계대명사 절의 목적어로 사용될 수 있다. 목적격 관계대명사는 생략이 가능하다.
  I know the teacher. + You wanted to see him.
  = I know the teacher (whom) you wanted to see.
  (나는 네가 보고 싶어했던 선생님을 알고 있다.)

[3] 관계대명사 which

선행사가 사물(동물 포함)이며, 격에 대한 규칙은 선행사가 사람일 경우와 동일하다.

● **주격 which**: 선행사가 사물이며, 주격으로 쓰인다.

I'd like a room **which** overlooks the sea. ◎선행사가 일반적 사물

(나는 바다가 보이는 방이 좋다.)

● **소유격 of which, whose**: 소유격일 때 형태가 두 가지이다.

He bought a book **of which** the cover is red. ◎소유관계 성립

(그는 표지가 빨간 책을 샀다.)

● **목적격 which**: 목적격으로 쓰이며 생략 가능하다.

This is the book **(which)** I have chosen.

(이것이 내가 고른 책이다.)

[4] 관계대명사 that

that은 선행사가 사람이나 사물일 때 동시에 사용 가능한 관계대명사이다. 즉, 관계대명사 that은 그 쓰임이 가장 많아서 선행사가 사람, 사물일 때와 선행사에 사람과 사물이 동시에 포함되어 있을 때 모두 쓸 수 있다. that의 경우, who나 which와는 달리 소유격은 특별한 형태가 없다.

● **사물이 선행사인 경우**

He loved practical science **that** stayed with him throughout his life.

(그는 자신의 일생 동안 함께했던 실용과학을 사랑했다.)

● **사람이 선행사인 경우**

He was the best man **that** everybody loved.

(그는 모두가 사랑하는 최고의 남자였다.)

[출제 POINT] 관계대명사 who와 which의 격 변화

다음의 격 변화를 상황에 맞춰서 활용하는 문제들이 자주 출제된다.

선행사	주격	소유격	목적격	역할
사람	who	whose	whom	형용사절
사물, 동물	which	of which / whose	which	형용사절
사람, 동물, 사물	that	-	that	형용사절
선행사 포함	what	-	what	명사절

[출제 POINT] 관계대명사 that

(1) 관계대명사 that을 사용하는 경우

- 선행사가 '사람 + 사물(동물)'인 경우
- 선행사가 의문사 who, which인 경우
- 선행사를 제한하거나 한정해 주는 요소가 있는 경우
  최상급: the best[most, last, first]~, the only[same, very]
  부정대명사: every, all, little, much, some, any, no, everything, something, anything, nothing, etc.

(2) 관계대명사 that을 사용하지 않는 경우

- 자동사의 전치사를 that 앞에 쓰지 못한다.
- 관계대명사 that은 계속적 용법으로 쓰지 못한다.
  The mountain is topped with snow, **which** magnifies the beauty.(O)
  The mountain is topped with snow, that magnifies the beauty.(X)
  (산은 눈으로 덮였는데 그것이 아름다움을 극대화했다.)

[출제 POINT] 관계대명사 what

- 선행사를 포함하므로 앞에 선행사가 오지 않는다.
- 관계대명사 what의 관용적 표현들

what we(you, they) call = what is called: 소위, 이른바
what one is(used to be; was): 현재의(과거의) 인격
what one has: 주어의 재산
what one does: 주어의 행위

> **A is to B what(as) C is to D**: A와 B의 관계는 C와 D의 관계와 같다
> **what is** 비교급: 더욱 ~한 것은
> **what is the best of all**: 무엇보다도 ~한 것은

We should judge a man not by **what he has** but by **what he is**.
(우리는 사람을 그가 가진 것이 아니라 그의 인격으로 판단해야 한다.)

It began to rain and, **what is worse**, we lost our way.
(비가 내리기 시작했고, 설상가상으로 우리는 길도 잃었다.)

[출제 POINT] 복합관계대명사

복합관계대명사는 관계대명사에 -ever라는 접미어가 붙은 형태로 불특정 다수를 나타내기 때문에 선행사가 앞에 올 수 없다.

개념	복합어를 형성한 관계대명사로 '선행사 + 관계대명사' 의 역할을 하며 명사절과 양보의 부사절을 이끈다. 명사절: 어떤 ~라도, 누구(어느, 무엇)이든지, 양보 부사절: ~(라) 하더라도 =No matter ~
형식	whoever + V = anyone who V ~ whosever 명사 + S + V = anyone whose 명사 S + V ~ whomever S + V = anyone whom S + V ~ whatever S + V = anything (that) S + V ~ whichever S + V = anything (that) S + V ~
주의	선행사를 포함하고 있으므로 선행사와 함께 사용할 수 없다. '관계대명사 + ever' 로 관계대명사를 포함하고 있으므로 다른 관계대명사와 함께 쓸 수 없다.

Anyone whoever comes first can get this present.(X) ◎ Whoever
(가장 먼저 온 사람이 이 선물을 가질 수 있다.)

위의 문장에서는 복합관계대명사 whoever가 선행사를 포함하기 때문에 Anyone이라는 선행사를 중복하여 써 줄 필요가 없다.

Simple Check

1. This is the picture (whose / which) price is incredibly high.
2. This is the house (in which / in that) he lives.
3. The book is interesting, and (what / which) is more, very instructive.
4. I will not lose (whosever / whoever) book you lend.

Answer 1. whose 2. in which 3. what 4. whosever

주어진 괄호 안에 알맞은 것을 고르시오.

1. The most well-known chemical is caffeine, (which / that) is also found in coffee, tea, and some types of soda.

2. It is usually the boys in a middle school classroom (who / whom) demand more attention from the teacher.

3. A thing is not (what / that) it seems.

4. It was not clear (whose / who's) responsibility it was.

5. (Whenever / Wherever) they go to baseball stadium, he always remembers to take his hat, but his brother sometimes forgets to take his hat.

다음 문장에서 틀린 부분을 찾아 고치시오.

6. You should follow desires who might lead you into wealth and exclusiveness.

7. Lightning is caused by the friction of vapor, that is at a suitable temperature.

8. Since the zero was invented is not known.

9. He appears however the beautiful women exist.

10. I am anxious to win this debate; and I will appreciate which help you can give me.

STEP 4 Actual Test

Fill in the blank with the most appropriate word and phrase.

1. A: Please help yourself to _____ you'd like.
   B: Thank you. They're delicious.
   (a) which
   (b) whatever
   (c) whichever
   (d) what

2. A: Do you like this poem?
   B: This is an epic poem _____ meaning I can't understand, although I have ever heard before.
   (a) whose
   (b) whoever
   (c) whom
   (d) who

3. A: Which one do you like?
   B: I want to buy the blue suit, _____ is too costly for me to buy.
   (a) which
   (b) what
   (c) that
   (d) whichever

4. A: Why were you absent from school yesterday?
   B: It was _____ illness that I absented myself from school.
   (a) as
   (b) such
   (c) so
   (d) because of

5. A: What is the problem?
   B: I have had _____ problems with my project that I have decided to start over.
   (a) too much
   (b) so many
   (c) so much
   (d) so a

6. A: Can someone show me _____ the film in this camera?

B: Ask Denver. He'll tell you what to do.

(a) how to change

(b) to change

(c) how to changing

(d) how change

7. Professor Jansen's data was so crucial to our theory _____ we could not have succeeded without it.

(a) that

(b) what

(c) which

(d) where

8. She will form friendships _____ will be lasting and entertaining.

(a) what

(b) who

(c) of which

(d) which

9. _____ we need is more time.

(a) What

(b) Whatever

(c) That

(d) Which

10. The Koreans take pride in _____ the 2002 World Cup.

(a) hosting

(b) being hosted

(c) having hosted

(d) to host

11. Some people like Pop music, others prefer classical music, _____ don't like any music.
(a) others
(b) the other
(c) the others
(d) another

12. Yesterday I was _____ a stranger.
(a) spoken to
(b) spoken by
(c) to speak
(d) spoken to by

Identify the grammatical error in the dialogue.

13. (a) A: Ok. I'm ready to log on.
(b) B: Remember, for your password, you need two letters and three numbers.
(c) A: Right.
(d) B: And make sure both letters is capitals.

14. (a) A: Who do you think is suitable for the new project?
(b) B: I'd like to recommend Jack.
(c) A: Why do you think so?
(d) B: He has every quality for a job.

Identify the ungrammatical sentence in the passage.

15. (a) Market researchers often comment that the elderly think of themselves as being much younger than they actually are. (b) In fact, research confirms the popular wisdom what age is more a state of mind than of body. (c) A recent study suggests that perceived age may be a more reliable predictor of marketing success on the gray market than actual age. (d) For this reason, many marketers focus on perceived age in marketing campaigns.

PART II

동사구

Chapter 04 동사의 종류와 수 일치

[1] 동사의 일치는 주어와 동사의 상관관계이다.

동사에서 가장 기본적으로 검토해야 하는 사항은 동사의 일치이다. 일치는 동사와 주어와의 사이의 상관관계를 말한다. 즉 주어가 3인칭 단수라면 동사에 -(e)s를 붙이고 3인칭 단수가 아니라면 -(e)s를 붙이지 않는 관계를 말한다.

[2] 수식구, 절로 길어진 주어와 동사의 일치

수식구와 절 등이 붙을 때 문장은 길어지고 주어와 동사의 사이가 멀어지게 된다. 따라서 그에 착안하여 주어와 동사의 일치를 묻는 문제가 많이 나온다.

● 전치사구의 수식으로 주어가 길어진 경우

The failure of the space shuttle Columbia **was** due to the bad engine.
(우주왕복선 Columbia 호의 실패는 불량한 엔진 때문이었다.)

The people in the department store **are** looking for bargains.
(백화점 안에서 사람들이 세일 상품을 찾고 있다.)

● 관계대명사절의 수식으로 주어가 길어진 경우

Children who are encouraged by their parents **are** likely to have confidence in themselves.
(부모에게 격려받는 아이들은 스스로 자신감을 갖게 될 가능성이 크다.)

● 기타 분사의 수식구가 붙어서 주어가 길어진 경우 등

The girls playing in the ground **are** my friends.
(운동장에서 놀고 있는 소녀들은 나의 친구들이다.)

[3] 접속사로 연결된 주어의 수 일치

- **일반적인 경우:** 주어가 and로 연결된 경우는 복수, or로 연결된 경우는 or 다음의 명사에 수를 일치시킨다.

  The doctor **and** the nurse **are** operating on a patient.

  (의사와 간호사가 한 환자를 수술하고 있다.)

- **특별한 경우:** neither A nor B와 같은 식의 상관관계가 새로이 발생하는 접속사를 말한다. 이를 등위 상관접속사라고 말한다.

  Not only he **but also** I am interested in studying English.

  (그뿐만 아니라 나도 영어 공부에 흥미가 있다.)

[4] 통합 단위

- 시간, 거리, 무게, 가격 등의 복수명사가 하나의 단위를 나타내는 경우 단수 취급한다.

  Ten years **is** a long time to live by myself.

  (10년은 혼자 살기엔 긴 기간이다.)

- 시간의 복수명사가 시간의 경과를 나타내는 완료시제일 경우 복수 취급한다.

  Twelve years **have** passed since he settled in here.

  (그가 여기에 정착한 지 12년이 지났다.)

- 1년 반은 단수 취급한다.

  A year and a half **has** passed since we settled in here.

  (우리가 여기에 정착해서 산 이후로 1년 반이 지났다.)

[출제 POINT] 접속사로 연결된 주어의 수 일치

접속사	의미	주어의 일치
not only A but also B	A뿐만 아니라 B도	B
A as well as B	B뿐만 아니라 A도	A
not A but B	A가 아니라 B	B
either A or B	A이거나 B	B
neither A nor B	A도 아니고 B도 아니다	B

Both Tom and Jane **enjoy** skiing on Sundays.

(Tom과 Jane 둘 다 일요일마다 스키를 즐긴다.)

Neither the teacher nor the students **like** exams.

(그 선생님도 학생들도 시험을 좋아하지 않는다.)

[출제 POINT] and로 연결되어도 단수 취급을 하는 경우

● 관사가 and 앞뒤의 명사를 모두 수식하는 경우

A black and white dog **was** running. ◎단수 개념

(검고 흰 개 한 마리가 달리고 있었다.)

A black and a white dog **were** running. ◎복수 개념

(검은 개 한 마리와 흰 개 한 마리가 달리고 있었다.)

● 하나의 소유격이 and 앞뒤의 명사를 모두 수식하는 경우

This **is** Michael and Jane's house. ◎1채 (단일 소유 개념)

(이것은 마이클과 제인의 집이다.)

These **are** Michael's and Jane's houses. ◎2채 (복수 소유 개념)

(이것들은 마이클과 제인의 집들이다.)

● 두 명사가 단일 개념인 경우

watch and chain 줄 달린 시계

cf. Slow and steady wins the race.

(천천히 그리고 꾸준한 것이 경기에서 이긴다.)

[출제 POINT] every[each] + 단수

'every[each] A and B'는 단수 취급한다.

Each student and teacher has a different problem.

(학생과 선생들은 제각기 다른 문제를 가지고 있다.)

[출제 POINT] a number of와 the number of의 차이

a number of는 '단순히 많은' 의 의미이고, the number of는 '명사 + of' 의 구조로 이해한다.

A number of students in the class **speak** English very well. ◦복수취급

(그 반의 많은 학생들이 영어를 매우 잘한다.)

The number of students in the class **is** thirty. ◦단수취급

(그 반 학생들의 숫자는 30명이다.)

Simple Check

1. Jane, as well as her parents, (is / are) going to Europe.

2. Either you or Jane (is / are) responsible for the accident.

3. Every boy and girl (likes / like) it.

4. (The number of / A number of) books are collected.

Answer 1. is 2. is 3. likes 4. A number of

주어진 괄호 안에 알맞은 것을 고르시오.

1. The accused (was sentenced / were sentenced) to death.

2. The dead and wounded (was sent / were sent) to a hospital.

3. Either you or I (am / are) wrong.

4. Each student (has / have) a different problem.

5. I as well as he (is / am) interested in studying English.

다음 문장에서 틀린 부분을 찾아 고치시오.

6. There are times when everyone need to be alone.

7. A number of students in the class speaks English very well.

8. The number of students in the class are thirty.

9. Ten years are long time to live by myself.

10. Neither Tom nor his brothers was able to finish the work, so they were scolded by their parents.

Fill in the blank with the most appropriate word and phrase.

1. A: Would you mind telling me how much it was?
   B: No, not at all, it _____.
   (a) was 20 dollars
   (b) was 20 dollar
   (c) were 20 dollars
   (d) were 20 dollar

2. A: Thank you for inviting me.
   B: Let _____ my mom.
   (a) me introduce you to
   (b) me introduce to you
   (c) introduce for you to
   (d) me you introduce to

3. A: That convertible looks luxurious. Do you know _____ ?
   B: I heard that it is not as expensive as it looks.
   (a) how much costs it
   (b) what do it costs
   (c) it costs how much
   (d) what it costs

4. A: I deeply appreciate _____.
   B: It's my pleasure.
   (a) doing me a favor
   (b) to do me a favor
   (c) you to do me a favor
   (d) your doing me a favor

5. A: Did you enjoy the play?
   B: The leading actor gave _____ in last night's play.
   (a) a very convinced performance
   (b) a very convincing performance
   (c) very convincing performance
   (d) very convinced performance

6. A: When can you finalize the work?
   B: It will be done _____ a week.
   (a) at
   (b) by
   (c) in
   (d) for

7. The failure of the space shuttle Columbia _____ the bad engine.
   (a) was due
   (b) was due to
   (c) were due to
   (d) were due

8. Children who are encouraged by their parents _____ have confidence in themselves.
   (a) are like to
   (b) is likely to
   (c) are likely to
   (d) is like to

9. The doctor and the nurse _____ on a patient.
   (a) was operated
   (b) is operating
   (c) are operating
   (d) were operated

10. In order to complete the job on time, we need _____ a professional to help solve our difficulties.
   (a) invite
   (b) inviting
   (c) invited
   (d) to invite

11. Clarisse avoids _____ along the riverside at midnight.

    (a) walk

    (b) walking

    (c) to walk

    (d) is walking

12. _____ of the manufacturing plants gives us examples of modern robot technology.

    (a) Every

    (b) Each

    (c) The all

    (d) Such as

Identify the grammatical error in the dialogue.

13. (a) A: Excuse me? Do you have a flight schedule?

    (b) B: Yes, I have. What do you want to know?

    (c) A: What time do the next plane for Pusan leave?

    (d) B: Two o'clock.

14. (a) A: Are there any other rules?

    (b) B: No. That's it. You continue playing since you can't draw another line.

    (c) A: And the player who draws the last line is the winner?

    (d) B: Exactly. Now that you understand the rules, let's play.

Identify the ungrammatical sentence in the passage.

15. (a) In medieval Spain, most gold coins were minted from gold mines in Africa. (b) The gold mines in Africa were the purest known. (c) Its gold content of 92 percent allowed coins to be minted without refined the gold. (d) And indeed coins minted from this source of gold can be recognized because they have that gold content.

Chapter 05 조동사

[1] 조동사의 활용

조동사는 동사 앞에 붙어서 동사의 의미를 보다 명확하게 해주는 품사이다. 의미상으로는 행동적 의미(~해야 한다, ~하고 싶다) 와 추측적 의미(~일 것이다)로 나눠진다.

[2] 조동사 do

● 일반동사의 부정문(don't)과 의문문(Do ~?)을 만들며, 평서문에 쓰일 때는 강조의 의미를 가진다.

Do you want to go there?

(너는 거기에 가기를 원하니?)

I **do** go there.

(나는 거기에 꼭 간다.)

● 주어가 3인칭 단수일 경우 does로, 과거일 경우 did로 쓴다.

[3] 조동사 may

내용 \ 용법	허가	추측
의미	~해도 좋다	~일지도 모른다
부정	may not 〈불허가〉 must not 〈금지〉	may not 아닐지도 모른다
과거	be allowed to + 동사원형	may have + 과거분사

It **may(might)** rain tomorrow. ◉추측

(내일 비가 올 것 같다.)

He **may** come, or may not. ◉추측

(그는 올지도, 안 올지도 모른다.)

[4] 조동사 must

조동사 must는 필요, 당위적 의미와 추측의 의미를 동시에 가지고 있다.

> ● **필요, 의무, 명령** ~해야 한다
>
>   = have to ↔ need not (= don't have to = have not to)
>
>   must not (금지)
>
> ● **추측** ~임에 틀림없다, 반드시 ~일 것이다
>
>   과거 추측: must have p.p. ~하였음에 틀림없다

We **must** eat to live. ◎의무
(우리는 살기 위해 먹어야 한다.)

All students **must** keep silent in the library. ◎의무
(모든 학생들은 도서관에서 조용히 해야 한다.)

[5] 조동사 can

가능 / 능력	과거: could/was[were] able to 미래: will[shall] be able to	◎ ~할 수 있었다 ◎ ~할 수 있을 것이다
추측	과거: cannot have + 과거분사 확신: must	◎ ~하였을 리가 없다 ◎ ~였음에 틀림없다

The guide **can** conduct us round the museum. ◎가능, 능력
(그 안내원은 우리에게 박물관을 안내해줄 수 있다.)

He **can't have done** such a thing. ◎부정문에서의 추측
(그가 그러한 일을 했을 리가 없다.)

[출제 POINT] 조동사의 빈칸 넣기

조동사는 구조적 변화보다는 해석이 관건이 된다. 따라서 의미에 맞게 빈칸 안에 들어갈 조동사를 넣으라는 문제가 빈번히 TEPS에서 출제되고 있다.

[출제 POINT] 조동사 should의 용법

- 의무, 당위성
- 긍정적 추측, 기대
- 목적: lest~ should
- 이성적, 감성적 판단: It is + 형용사 + that + 주어 + (should) + 동사

형용사	이성적 판단	necessary important natural right wrong proper rational good well
	감성적 판단	strange curious odd surprising a pity regrettable fortunate a shame
동사		advise decide demand desire insist move suggest urge command ask order recommend propose determine

- 후회, 유감

should have + 과거분사	~했어야만 했는데(못했다)
must have + 과거분사	~했음에 틀림없다

You **should** obey your parents. ○의무, 당위성
(너는 부모님께 순종해야 한다.)

He hid his money **lest** robbers **should** find it. ○lest ~ should
(그는 강도들이 찾지 못하도록 돈을 숨겼다.)

It is **necessary** that you **should** be prepared for this.
(네가 이 일을 할 준비가 돼 있는 것이 필요하다.)

[출제 POINT] 조동사 may의 다양한 응용 표현

> may well + 동사원형 ~하는 것도 당연하다
> may as well + 동사원형 ~하는 것이 낫다
> might as well + 동사원형(A) + as + 동사원형(B) B할 바엔 A하는 것이 낫다
> 기원문의 may
> 양보의 may

Housewives **may well** complain on Holiday like *Chuseok*.
(주부들이 추석 같은 명절에 불평하는 것도 당연하다.)

You **may as well** go home. = You had better go home.
(너는 집에 가는 것이 낫다.)

You **might as well** stop studying as do in that way.
(너는 그러한 식으로 공부하느니 그만두는 게 낫다.)

May you live long!
(장수하시기를!)

Whoever **may** say so, you must not believe it.
(누가 그렇게 말하더라도, 너는 그것을 믿어서는 안 된다.)

Simple Check

1. I want to go but I (can't / don't)
2. He hid his money lest robbers (should / would) find it.
3. The pavement is wet. It (must / should) have rained last night.
4. She is gorgeous. She (may well / may as well) be proud of her appearance.

Answer 1. can't 2. should 3. must 4. may well

주어진 괄호 안에 알맞은 것을 고르시오.

1. (Shall / Would) you prefer black coffee to coffee and cream?

2. It's really a good movie. You (ought to / can) go and see it.

3. Since the ditch is full of water, it (must / should) have rained last night.

4. When I was young, I (used to take / am used to taking) a walk with my dog.

5. I wish we (could / may) see each other again before long.

다음 문장에서 틀린 부분을 찾아 고치시오.

6. Jane will not drink alcohol if she is pregnant.

7. It may has been very painful when you had your tooth pulled out.

8. Many citizens urged that the mayor is fired right now.

9. She couldn't have been listening to our conversation. It was private.

10. I'm not sure where to go on my vacation, but I must go to Brazil.

Fill in the blank with the most appropriate word and phrase.

1. A: Is there a gas station around here?

B: Sorry, I don't know. You _____ someone else.

(a) had better asking

(b) had better ask

(c) had better to ask

(d) had better than ask

2. A: I found a brick on the floor, and the window was broken.

B: Someone _____ the brick through the window.

(a) must have thrown

(b) should have thrown

(c) should throw

(d) must throw

3. A: Jenny's very late.

B: She _____ her bus.

(a) can miss

(b) may have missed

(c) might miss

(d) should have missed

4. A: What's wrong with it?

B: This milk _____.

(a) tastes strangely

(b) tastes strange

(c) taste strange

(d) taste strangely

5. A: Sujin speaks English very well.

B: That's right. _____ she has never been either to England or America, she is good at English.

(a) No matter how

(b) Though

(c) Whether

(d) Since

6. A: Did she like your present?

    B: _____ she likes the present is not clear to me.

    (a) Whether

    (b) Which

    (c) That

    (d) Whom

7. As this computer is making a weird noise, there _____ be something wrong with this machine.

    (a) will

    (b) shall

    (c) need

    (d) must

8. You _____ your name and telephone number in your wallet in case you drop it.

    (a) would rather put

    (b) are used to putting

    (c) may well put

    (d) had better put

9. She told me that _____ live with her roommate again next year.

    (a) she'll rather not

    (b) she'd rather not

    (c) she won't rather

    (d) she'd rather didn't

10. Lilly will leave for LA _____ her passport is renewed.

    (a) though

    (b) as soon as

    (c) while

    (d) so that

11. Look at the mountain _____ top is covered with snow.
    (a) whose
    (b) which
    (c) that
    (d) where

12. Neither her parents nor her homeroom teacher _____ her grades.
    (a) knows
    (b) know
    (c) don't know
    (d) didn't know

Identify the grammatical error in the dialogue.

13. (a) A: I lost my glasses. Has anyone turned them in?
    (b) B: Can you describe it?
    (c) A: Sure, the lenses are square-shaped, and uh... the parts that fit over the ears are rounded.
    (d) B: Ok, I'll check.

14. (a) A: Where are you from?
    (b) B: I'm from the U.S.
    (c) A: What part?
    (d) B: The Northeast. I'm from the small town on the coast, south of New York City.

Identify the ungrammatical sentence in the passage.

15. (a) Sir Walter had seen the Indians smoking the leaves of the tobacco plant. (b) He thought that he would do the same, and carried some of the leaves to England. (c) All who saw Sir Walter puffing away at a roll of leaves thought which it was a strange sight. (d) One day as he was sitting in his chair and smoking, his servant came into the room.

Chapter 06 시제

[1] 시제는 동사의 시간을 나타내는 부분이다.

시제는 시간을 나타내는 부사나 부사구와 함께 표현되고, 그것을 통해서 문장의 시제를 파악해야 한다.

What will happen ten years after this war?

(이 전쟁이 끝나고 10년 후 어떤 일이 일어날까?)

'전쟁이 끝나고, 10년 후' 는 현재를 기준으로는 미래에 해당한다.

따라서 미래시제를 써야 한다.

[2] 일반 시제와 진행 시제

일반 시제는 크게 과거, 현재, 미래로 나눠진다.

진행시제는 'be -ing' 로 표현된다.

일반 시제와 진행 시제는 다음과 같은 차이를 보인다.

- **He drives a car.** ◉ 현재라는 기간의 지속적 상태
  (그는 차를 운전한다.)

  He is driving a car. ◉ 현재의 일시적 진행 동작
  (그는 차를 운전하고 있다.)

- **He delivers a newspaper.** ◉ 현재라는 기간의 지속적 상태
  (그는 신문을 배달한다.)

  He is delivering a newspaper. ◉ 현재의 일시적 진행 동작
  (그는 신문을 배달하고 있다.)

[3] 완료시제

완료는 지속적으로 일어난 동작 등을 나타내는 시제이다.

그러므로 완료시제는 다음과 같은 용법을 가지고 있다.

● **계속**: 'since + 과거 시점,' 'for + 기간' 등의 부사구와 함께 쓰이는 경우가 많다.

I **have kept** all her letters for 10 years.

(나는 그녀의 모든 편지를 10년 동안 간직해왔다.)

● **결과**: 과거에 일어난 결과가 현재까지 영향을 미치는 경우이다.

I **have lost** my bankbook.

(나는 은행 통장을 분실했다.)

● **완료**: just, already, yet, recently 등의 부사와 함께 쓰이는 경우가 많다.

I **have** already **seen** the movie.

(나는 그 영화를 벌써 보았다.)

I **have** just **finished** what you ordered.

(당신이 주문했던 것을 막 끝냈습니다.)

● **경험**: ever, never 또는 횟수를 표현하는 once, twice, three times 등과 함께 쓰이는 경우가 많다.

I **have** ever **stolen** others' things.

(나는 남의 물건을 훔친 적이 있다.)

The team **has** never **lost** home-game.

(그 팀은 홈경기에선 진 적이 없다.)

[출제 POINT] 현재시제를 사용하는 경우

- 현재의 행위, 상태, 사실, 습관
- 불변의 진리, 격언, 일반적인 사실
- 미래시제 대신 쓰인다. ◐ 왕래발착동사 + 미래표시 부사구: 가까운 미래를 나타낸다.
  ◐ 시간, 조건의 부사구에서 미래시제를 대용한다.

특히 불변의 진리 등과 현재의 상황을 나타낼 때의 현재시제 관련 문제가 자주 출제된다.

Water **consists** of hydrogen and oxygen. ◐ 진리

(물은 수소와 산소로 구성되어 있다.)

[출제 POINT] 과거시제를 사용하는 경우

과거의 동작이나 경험, 역사적인 사실을 나타내거나 다음과 같은 명확한 과거 표시 부사구가 있을 때

yesterday   ago   at that time   then   those days   just now   last

He said that World War II **broke** out in 1939. (O)
He said that World War II had broken out in 1939. (X)

(그는 2차 세계 대전이 1939년에 일어났다고 말했다.)

[출제 POINT] 완료시제를 사용하는 경우

완료시제는 일정한 기간 동안에 일어난 여러 가지 상황(경험, 계속, 결과, 완료)을 표현한다. 즉, 동작이 과거에 발생했거나, 그 동작이 현재까지 이어져 오고 있는 상황을 나타내며, 기준 시점은 현재완료의 경우는 '현재', 과거완료의 경우는 '과거', 미래완료의 경우는 '미래'가 된다. 따라서 since, for 등이 보이면 반드시 완료시제를 써야 한다.

She **has worked** here since 2003. (O)
She has worked here in 2003. (X)

(그녀는 2003년부터 여기에서 일하고 있다.)

[출제 POINT] have been to와 have gone to의 구별

have been to + 장소: ~에 가본 적이 있다(경험) ◐ 완료 해석도 가능
have gone to + 장소: ~로 가 버렸다(결과)
have been in + 장소: ~에 살았던 적이 있다

She **has been to** the school to see a teacher.
(그녀는 선생님을 뵈러 학교에 간 적이 있다. ◎ 경험)
(그녀는 선생님을 뵈러 학교에 다녀왔다. ◎ 완료)

She **has gone to** the school to see a teacher.
(그녀는 선생님을 뵈러 학교에 갔다. ◎ 결과)

[출제 POINT] 과거완료

과거완료 문장 역시 의미(경험, 계속, 결과, 완료)는 거의 같으나, 현재완료와 달리 기준 시점이 '과거'이다. 즉, 대과거(과거보다 이전 과거)에서 과거까지의 시점을 나타낸다. 그러므로 과거완료는 문맥에서 기준 시점을 나타내는 구나 절이 나온다는 것에 주의한다.

- 계속: I **had had** my secretary typewrite for a year when she quit my company.
  (나는 비서가 회사를 떠나기 전 일 년 동안 타이핑 치는 것을 시켜왔다.)
- 결과: He **had lost** the watch when I saw him.
  (내가 그를 만났을 때, 그는 시계를 잃어버렸다. → 그때 가지고 있지 않았다.)
- 완료: She **had interrupted** me with question when I started speaking.
  (내가 연설을 시작했을 때, 그녀가 질문을 해서 내 말을 끊었다.)
- 경험: He **had** never **seen** the sea until he died.
  (그는 죽을 때까지 바다를 본 적이 없었다.)

[출제 POINT] 미래완료

미래완료는 기준 시점이 미래이며 나타내는 의미(경험, 계속, 결과, 완료)는 거의 동일하다.

The team **will have lost** three times if the team lose again.
(만일 다시 한 번 지게 되면, 그 팀은 3패째가 될 것이다.)

She **will have helped** poor people for ten years by next year.
(그녀는 내년이면 불우이웃을 도운 지 10년째가 될 것이다.)

Simple Check

1. A: How about having dinner at a French restaurant?
   B: (Sounds / Is sounding) great.
2. In 2003, I (lived / have lived) in this apartment.
3. I (have kept / keep) all her letters for 10 years.
4. She will (have gone / go) there by this time tomorrow.

Answer 1. Sounds 2. lived 3. have kept 4. have gone

주어진 괄호 안에 알맞은 것을 고르시오.

1. He said that World War II (broke / had broken) out in 1939.

2. The president will talk about it at the conference when our clients (will have / have) an inquiry.

3. Will you (be using / being used) your bicycle this afternoon?

4. In 2003, I (lived / have lived) in this apartment.

5. This time last year I (lived / was living) in France.

다음 문장에서 틀린 부분을 찾아 고치시오.

6. The Pueblo Indians have traditionally live in stone or adobe structures that resemble apartment buildings.

7. It was not until I got off the train that I realized my purse was stolen.

8. Aging in most animals can be readily modified when they have limited caloric intake.

9. By the time we go to the stores, they are already closed.

10. The shipment had delivered to her office at 9 o'clock yesterday morning.

Fill in the blank with the most appropriate word and phrase.

1. A: Are the new boys that came in last month working hard these days?
   B: _____.
   (a) Yes, it is
   (b) Yes, they are
   (c) No, it isn't
   (d) No, they don't

2. A: Why did the boss put off the meeting?
   B: I proposed that the meeting _____.
   (a) be postponed
   (b) will be postponed
   (c) is postponed
   (d) are postponed

3. A: Do you have capital to start with?
   B: No, but I _____ have it.
   (a) am going to
   (b) was going to
   (c) have gone to
   (d) had gone to

4. A: Why didn't Ruke graduate from school last semester?
   B: An ailment prevented him _____ in March.
   (a) graduating
   (b) graduating from
   (c) to graduate
   (d) from graduating

5. A: What do you think of Italian fashion trends for men?
   B: Trends come and go, _____ certain constants mark Italian men's style.
   (a) but
   (b) or
   (c) provided
   (d) nevertheless

6. A: Can I get my transcripts right now?
   B: The office _____ you can get your transcripts is closed now.
   (a) that
   (b) of which
   (c) where
   (d) when

7. He told me that he as well as his brothers _____ a walk for two hours everyday. Now, he may take a walk at the park.
   (a) took
   (b) takes
   (c) take
   (d) will have taken

8. Mary and David are playing tennis. They began at 2:00. It's 3:00, and they're still playing. Mary and David _____ tennis for an hour.
   (a) are playing
   (b) have been playing
   (c) have been played
   (d) played

9. The university _____ eagerly searching for a competent replacement for Professor Davis for two years before finally giving up last year.
   (a) was
   (b) have been
   (c) were
   (d) had been

10. _____ hungry you are, you should eat slowly.
    (a) Whoever
    (b) Whichever
    (c) Whatever
    (d) However

11. Not only the teacher but also the students _____ present.
   (a) were
   (b) was
   (c) have
   (d) has

12. I demand that I _____ allowed to call my lawyer.
   (a) will be
   (b) be
   (c) shall
   (d) may be

Identify the grammatical error in the dialogue.

13. (a) A: Have you worked here long?
   (b) B: No, I've only been here a few months. I work in the Human Resources department.
   (c) A: Oh, that must be how I haven't seen you around. I'm in Sales.
   (d) B: So you work on the fourth floor.

14. (a) A: You didn't finish your book report even?
   (b) B: Well, it's only Tuesday. I still have three days.
   (c) A: No, it's due the day after tomorrow.
   (d) B: Uh-oh.

Identify the ungrammatical sentence in the passage.

15. (a) It seems hard to imagine a world without plastics. (b) So much of the items we use every day are made of plastic. (c) The first plastic was synthesized in 1909. (d) A synthetic material is any that is manufactured from chemicals in factories, as opposed to naturally occurring materials, like cotton or wood.

Chapter 07 태

[1] 능동과 수동의 의미

능동태란 주어가 동작을 가하는 형식의 문장을 말한다.

수동태는 주어가 동작을 받는 형식의 문장(be + 과거분사 형태)을 말한다.

All the people in the world respect him. ⊕능동

(세상의 모든 사람들이 그를 존경한다.)

He is respected by all the people in the world. ⊕수동

(그는 세계의 모든 사람들에 의해서 존경을 받는다.)

[2] 수동태가 될 수 없는 경우

수동태가 되기 위해서 동사는 목적어를 취하는 타동사이어야 한다. 자동사는 원칙적으로 수동태가 될 수 없다. 단, 동사 자체가 수동의 의미로 해석될 수는 있다.

The students remained silent. (O)

The students were remained silent. (X)

(학생들이 침묵을 지키고 있었다.)

The price of bread will rise next year. (O)

The price of bread will be risen next year. (X)

(빵의 가격이 내년에 오를 것이다.)

[3] 3형식으로 쓰이는 동사 중에서 수동으로 표현할 수 없는 동사들

소유나 상태의 의미를 나타내는 동사는 수동태가 될 수 없다.

소유: have, possess, belong, cost (비용이 들다)

상태: resemble, reach, become, escape, lack

He resembles his mother. (O)

His mother is resembled by him. (X)

(그는 그의 엄마를 닮았다.)

A robber escaped from the police office. (O)

The police office was escaped from by a robber. (X)

(한 강도가 경찰서를 탈출했다.)

⊕ 위 동사들은 수동형으로 쓸 경우 논리적이지 못하다.

[4] 수동태에서 by 이외의 전치사가 쓰이는 경우

일반적으로 by를 쓰지만 그렇지 않은 여러 가지 상황을 이해하고 알아두어야 한다.

● 감정의 at, with, about

I was surprised at the news.
(나는 그 뉴스를 듣고 놀랐다.)

I was pleased with the news.
(나는 그 뉴스를 듣고 기뻤다.)

I was satisfied with his offer.
(나는 그의 제안에 만족했다.)

I was excited with the news.
(나는 그 뉴스를 듣고 흥분했다.)

I was worried(concerned) about his accident.
(나는 그의 사고에 대해 걱정했다.)

● know와 전치사

> **be known as** ~로 유명하다, ~로 알려져 있다
> **be known for** ~ 때문에 유명하다
> **be known by** ~에 의해 판단되다
> **be known to** ~에게 알려지다, 잘 알려져 있다

He **is known as** a novelist.(그는 소설가로서 알려져 있다.)
He **is known for** his strength.(그는 힘으로 유명하다.)
A man **is known by** his company.(사람은 친구를 봐야 알 수 있다.)
The song **is known to** everybody.(그 노래는 누구나 다 알고 있다.)

● make와 전치사

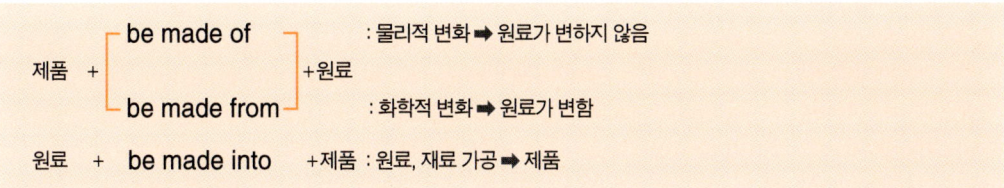

This house **was made of** stone. (이 집은 돌로 지어졌다.)
Wine **is made from** grapes. (와인은 포도로 만들어진다.)
Milk **is made into** butter. (우유로 버터를 만든다.)

[출제 POINT] 수동태를 쓸 수 없는 경우

(1) 자동사는 원칙적으로 수동태가 될 수 없다. 단, 동사 자체가 수동의 의미로 해석될 수 있다.

(2) 3형식으로 쓰이는 동사 중에서도 수동으로 표현할 수 없는 것들이 있다.

- '소유' 나 '상태' 의 의미를 가지는 동사
- 사역동사: let

  I **let** him go there. (O)

  (나는 그를 그곳에 가게 했다.)

  He was let go there by me. (X)

  ◎ 사역동사 let의 수동은 같은 의미를 가지는 be allowed to를 쓸 수 있다.

  You **are allowed to** go there. (O)

  (너는 거기에 가는 게 허용된다.)

[출제 POINT] 수동태와 분사의 결합 문제

TEPS에서는 순수한 수동태 문제보다 분사와 어울린 수동태 문제가 시험에 잘 나온다.

Written in easy English, the book is good for beginners.

◎ As it was written in easy English, the book is good for beginners.

(쉬운 영어로 쓰여 있어서, 그 책은 초보자들에게 좋다.)

[출제 POINT] 수동태와 by의 연결

Angered by the decision, the plaintiff quickly left the courtroom. (O)

Angered the decision, the plaintiff quickly left the courtroom. (X)

(그 판결에 화가 난 원고는 재빨리 법정을 떠났다.)

[출제 POINT] 수동태 뒤에 by가 나오지 않는 기타 전치사

be filled with ~로 가득 차다	be interested in ~에 흥미 있다
be covered with ~로 덮이다	be composed of ~로 구성되다
be satisfied with ~에 만족하다	be absorbed in ~에 몰두하다
be engaged in ~에 종사하다	be devoted to ~에 전념하다
be caught in ~에 묶이다	be exposed to ~에 노출되다
be ashamed of ~을 부끄러워하다	be derived from ~에서 유래하다
be acquainted with ~을 알고 있다	

His room **is filled with** furniture.

(그의 방은 가구로 꽉 차 있다.)

The trees **are** almost **covered with** blossoms.

(나무들이 꽃들로 거의 뒤덮여 있다.)

The novel **is composed of** facts.

(그 소설은 사실들로만 구성되어 있다.)

I **was absorbed in** an experiment.

(나는 어떤 실험에 몰두했다.)

All his time and energy **was devoted to writing** the book.

(그의 모든 시간과 정력이 그 책을 쓰는 데 바쳐졌다.)

She **was ashamed of** her ignorance.

(그녀는 자신의 무지를 부끄러워했다.)

Simple Check

1. The students (were remained / remained) silent.
2. Mr. Mack can hardly (be expected / be expecting) to answer a technical question like yours.
3. (Accompanied / Accompanied by) his friends, he entered there.
4. This word is (derived from / derived by) Latin.

Answer 1. remained 2. be expected 3. Accompanied by 4. derived from

주어진 괄호 안에 알맞은 것을 고르시오.

1. An urgent conference (convened / was convened) in this morning.

2. Students (are boring / are bored) whenever the teacher delivers a speech.

3. The letters (placed / were placed) on the manager's desk.

4. Thanks to the newly invented vaccine, the liver disease has recently (disappeared / been disappeared).

5. A number of people were (impressing / impressed) with the great leap made in such a short time.

다음 문장에서 틀린 부분을 찾아 고치시오.

6. Absolute freedom is quality that is belonged to God alone.

7. Both of them disappointed at the result of the election.

8. Paper will wrinkle if too much glue applied.

9. This restaurant is famous for its lasagna. More than 1 million plates have served.

10. The old furniture is now remade.

Fill in the blank with the most appropriate word and phrase.

1. A: Do you have more crispy creme donuts?

B: Sorry, Ma'am. We just _____.

(a) are sold out

(b) sold out

(c) have been sold out

(d) are being sold out

2. A: I'm starving. When will the pizza _____?

B: Have a patient. It will be in ten minutes.

(a) being delivered

(b) deliver

(c) is delivered

(d) be delivered

3. A: When can we use a telephone?

B: A telephone _____ in your office next week.

(a) installs

(b) is being installed

(c) will install

(d) will be installed

4. A: Most foreign students don't like tea.

B: _____ I.

(a) Neither do

(b) Neither did

(c) Either do

(d) Either did

5. A: Why do you respect the president?

B: As a good leader, he _____ knows the way but shows the way.

(a) not only

(b) neither

(c) very

(d) both

6. A: My brother will come to my birthday party.
   B: That's great. The man _____ I want to see is your brother.
   (a) that
   (b) what
   (c) which
   (d) whose

7. What percentage of your portfolio _____ to bonds?
   (a) should be allocated
   (b) should be allocate
   (c) should allocated
   (d) should to be allocated

8. The course _____ research by Professor Huntington.
   (a) is based on
   (b) are based on
   (c) is based at
   (d) are based at

9. Only 8% of new books _____ offline.
   (a) are purchased
   (b) is purchased
   (c) are purchasing
   (d) is purchasing

10. _____ pneumonia was caused by breathing impure air was once a common belief.
   (a) When
   (b) That
   (c) What
   (d) Which

11. People who are not familiar with on-line services _____ make several telephone calls or visit our store in person.
(a) had to
(b) have to
(c) has to
(d) have

12. Ron is not healthy as he _____, so he needs to take some physical training.
(a) used to be
(b) has used to be
(c) is used to be
(d) has used

Identify the grammatical error in the dialogue.

13. (a) A: Hello. I'm interested in booking a room for the weekend of August 9th.
(b) B: I'm afraid we're totally booked for that weekend. There's a conference in town.
(c) A: Oh, I didn't realize. Well, what about the weekend after that? Friday the 16th?
(d) B: It looks like we have much vacancies left.

14. (a) A: Mike. Look! What's that on the ground?
(b) B: It looks a credit card or something.
(c) A: No, it's somebody's ID card.
(d) B: Can you read the name on it?

Identify the ungrammatical sentence in the passage.

15. (a) Have you heard the saying: 'A problem shared is a problem halved?' (b) If you keep your problem to yourself, it can seem a great many worse than it really is. (c) If you talk to somebody about your problem, you can come to see it in a different light. (d) Putting an emotion into words and saying it out often helps.

Chapter 08 가정법

[1] 가정법

직설법 내지 조건법은 단지 '~하면 ~할 것' 이라는 상황이나 조건을 말하는 것이지만, 가정법은 현재나 과거의 사실에 반대를 전제로 한다는 점에서 다르다.

	두 가지의 변형	예문
직설법	사실이며 현재시제	As I don't have money, I cannot buy a car.
가정법	반대이며 과거시제	If I had money, I could buy a car.

[2] 가정법 과거

● 현재 사실에 반대되는 가정이나 상상을 나타낸다.
● 조건절의 동사는 과거형이고, 주절의 동사는 '조동사의 과거형 + 동사원형' 형태를 취한다.
● 조건절의 be동사는 인칭에 상관없이 were를 쓴다.

As I am not you, I can not help him. ◎직설법
(나는 네가 아니기 때문에, 그를 도울 수 없다.)

If I **were** you, I **could help** him. ◎가정법
(만일 내가 너라면, 그를 도울 수 있을 텐데.)

I don't know his name, I cannot find him. ◎직설법
(나는 그의 이름을 몰라서, 찾을 수 없다.)

If I **knew** his name, I **could find** him. ◎가정법
(만일 내가 그의 이름을 안다면, 그를 찾을 수 있을 텐데.)

[3] 가정법 과거완료

- 과거 사실에 대한 가정이나 상상을 의미한다.

- 조건절의 동사는 과거완료를, 주절의 동사는 '조동사의 과거형 + have + 과거분사' 형태를 취한다.

As I was not you, I could not help him. ⊙직설법
(나는 네가 아니었기에, 그를 도울 수 없었다.)

If I had been you, I could have helped him. ⊙가정법
(만일 내가 너였다면, 그를 도울 수 있었을 텐데.)

As I didn't know his name, I could not find him. ⊙직설법
(나는 그의 이름을 몰랐기 때문에, 그를 찾을 수 없었다.)

If I had known his name, I could have found him. ⊙가정법
(만일 내가 그의 이름을 알았었더라면, 그를 찾을 수 있었을 텐데.)

가정법 과거완료의 '조동사 + have + 과거분사' 형태

cannot + **have** + 과거분사	~했을 리 없다	
may + **have** + 과거분사	~이었을지도 모른다	(과거의) 추측
must + **have** + 과거분사	~이었음에 틀림없다	
should + **have** + 과거분사 **ought to** + **have** + 과거분사	(과거에) ~했어야 했는데 하지 않아 (현재) 후회스러움	(과거의) 후회
need not + **have** + 과거분사 *cf.* **didn't need to**	~할 필요가 없었는데 했다 *cf.* ~할 필요가 없었다	

[출제 POINT] 가정법의 전체 형태

종류	형태		의미
	조건절(If절)	주절	
현재	If + S + 동사 현재형	S + 조동사 현재 + 동사원형	현재나 미래의 불확실한 의심
과거	If + S + 동사 과거형	S + 조동사 과거 + 동사원형	현재 사실의 반대
과거완료	If + S + had + 과거분사	S + 조동사 과거 + have + 과거분사	과거 사실의 반대
혼합가정	If + S + had + 과거분사	S + 조동사 과거 + 동사원형	과거 사실이 현재까지 영향을 미치는 경우를 가정
미래	If + S + should + 동사원형 If + S + were to + 동사원형	S + 조동사 현재, 과거+동사원형 S + 조동사 과거+동사원형	미래에 대한 강한 의심 실현가능성이 없는 순수가정

[출제 POINT] '명령, 제안, 결정, 요구, 충고, 조언' 동사 + that + (should) + 동사원형

제안(suggest), 충고(advise, recommend), 주장(insist, urge), 요구(demand, require, request), 명령(order), 결정(decide)

She **suggested** that we **(should) clear** the pavement of snow.
(그녀는 우리가 인도에 쌓인 눈을 치워야 한다고 제안했다.)

[출제 POINT] 가정법에서의 도치
TEPS에서 단연 많이 출제되는 가정법은 if 생략에 의한 도치 구문이다. 접속사 if가 생략되면 도치가 발생하는데 '주어 + 동사' 의 어순에 익숙하여 혼동하기 쉬우므로 자주 출제된다.

If anyone should call on me, tell him I am not here.
=**Should anyone** call on me, tell him I am not here. ⊙if가 생략되었을 때
(누가 날 찾아오면 여기 없다고 말해주세요.)

[출제 POINT] 혼합가정법
(1) 과거 사실이 현재까지 영향을 미칠 때 쓴다.
(2) 과거의 사실을 나타내는 종속절은 특별한 부사가 쓰이지 않지만 주절에서는 현재 시간을 지칭하는 now, this morning 등의 부사가 자주 쓰인다.

If it **had** not **rained** last night, the road **would** not **be** so muddy this morning.
(만일 지난 밤에 비가 오지 않았더라면, 오늘 아침 길이 이렇게 질퍽하지 않을 텐데.)

If he **had gone** to college then, he **would be** a senior now.
(만일 그때 대학에 갔었더라면, 그는 지금 4학년일 텐데.)

[출제 POINT] '만일 ~이 없다면(없었더라면)' 의 다양한 표현들

의미	조건절	주절
「~이 없다면」 ▶가정법 과거	If it were not for~ Were it not for~ If there were no~ But for~ Without~	조동사 과거 + 동사원형
「~이 없었다면」 ▶가정법 과거완료	If it had not been for~ Had it not been for~ But for~ Without~	조동사 과거 + have + 과거분사

If it had not been for your help, I would have failed.
= **Had it not been for** your help, I would have failed.
= **But for[Without]** your help, I would have failed.
(당신의 도움이 없었다면 나는 실패했을 것입니다.)

◎ 가정법 과거완료로 과거 사실의 반대를 표현한다.

Simple Check

1. He insisted that we (should / shall) finish the work by 7 o'clock.

2. (We should / Should we) have that option, we would be diverse in the opinion.

3. If she had worked hard, she would (have been / be) rich now.

4. (Were it / If were it) not for your help, I would fail.

Answer 1. should 2. Should we 3. be 4. Were it

주어진 괄호 안에 알맞은 것을 고르시오.

1. If the new staff member (gives / gave) his presentation, he will have more pride.

2. If Sandra (had known / knew) the answer, she would have answered his question.

3. If Mickey (had been / have been) honest, I would have hired him.

4. She wished that she (has / had) been there.

5. My brother talks to his dog as if it (understood / can understand) him.

다음 문장에서 틀린 부분을 찾아 고치시오.

6. If I be you, I wouldn't buy that coat.

7. I wish I were known that my aunt was sick.

8. If she had been looking where she was going, she wouldn't be walked into the wall.

9. If she had behaved more reasonably, I would have treated her better now.

10. It is high time that we go to bed.

Fill in the blank with the most appropriate word and phrase.

1. A: Did you see "Country for old men"?
   B: Yes. It _____ to see so many older people at the movie.
   (a) was very surprising
   (b) was very surprised
   (c) is very surprising
   (d) is very surprised

2. A: I think I left my wallet at your office. Have you seen it?
   B: If I _____ it, I'll give it to you.
   (a) will find
   (b) find
   (c) found
   (d) had found

3. A: What would you do if you found a $100 bill?
   B: If I _____ a $100 bill on the street, I would keep it.
   (a) found
   (b) had found
   (c) will find
   (d) find

4. A: Why don't you buy a new suit?
   B: Okay, my mom also insisted that I _____ it.
   (a) should buy
   (b) would buy
   (c) bought
   (d) will buy

5. A: Why did you give me _____ large serving of potatoes?
   B: I thought you love it.
   (a) too much
   (b) so much
   (c) such
   (d) such a

6. A: Could you tell me the problem with this computer?
B: I'm not familiar _____ computers.
(a) with
(b) for
(c) to
(d) on

7. Staying in a hotel costs _____ renting a room in a dormitory for a week.
(a) twice more as
(b) two times as many as
(c) as much twice as
(d) twice as much as

8. There _____ procedures that must be followed in conducting.
(a) are certain established
(b) are certain establishing
(c) is certain established
(d) is certain establishing

9. Cold weather makes her _____ uncomfortable.
(a) feeling
(b) feel
(c) felt
(d) being feel

10. If the defendant is convicted, he _____.
(a) will certainly appeal
(b) certainly appeals
(c) would certainly appeal
(d) certainly appealed

11. He did not help me when I needed him. A true friend _____ differently.

    (a) acted

    (b) would have acted

    (c) would act

    (d) had acted

12. If it were not for books, each generation _____ a difficulty teaching the young.

    (a) would have

    (b) would have had

    (c) had

    (d) had had

Identify the grammatical error in the dialogue.

13. (a) A: Hi, Karen. Thanks for your email about next week's meeting. I'll be there.

    (b) B: Great. I'd like to put you in charge of reviewed the minutes from the last meeting for us.

    (c) A: Sure, I can do that. I think there is a copy of the minutes in my file.

    (d) B: Thanks.

Identify the ungrammatical sentence in the passage.

14. (a) Plastics are made primarily from petroleum products and has many advantages over natural products. (b) For one thing, they may be less expensive to produce. (c) More important, however, is that they are light and malleable. (d) Parts for automobiles, aircraft, and many appliances can be easily crafted by plastics.

15. (a) Goats like eating weeds. (b) In fact, they prefer weeds to grass. (c) So they are very useful for controlling weeds without used chemicals. (d) The digestive system of the goat is different from that of the sheep or the cow.

PART III

주어, 목적어, 보어

Chapter 09 명사, 관사

STEP 1 Basic Grammar

[1] 명사의 역할

명사는 문장의 주체가 되는 주어로 쓰이는 대표적인 품사로, 주어 외에 목적어와 보어 등으로 사용된다. 명사는 크게 가산명사와 불가산명사로 나눌 수 있으며, 결국 이 차이에 기반해서 주로 단수와 복수의 구별을 묻는 문제들이 출제된다.

명사는 문장에서 주어, 목적어, 보어, 주어의 동격 등으로 사용된다.

His ideal is unlikely to be realized. ◎주어
(그의 이상은 실현될 것 같지 않다.)

She weighed a package. ◎타동사의 목적어
(그녀는 소포의 무게를 쟀다.)

We sang merry songs to her piano. ◎전치사의 목적어
(우리는 그녀의 피아노에 맞춰 즐거운 노래를 불렀다.)

[2] 가산명사

명사는 가산명사와 불가산명사로 나눌 수 있다. 불가산명사는 고유명사, 추상명사, 물질명사 등을 지칭하며, 수의 표시를 할 수 없고 경우에 따라서 양의 표현을 같이 쓸 수 있다.

[3] 종족 대표를 나타내는 인칭

종족 대표란, 그 명사를 대표하는 일반적인 명칭을 말한다. 즉 그 명사 전체를 통칭하는 말이다.

● a + 단수명사 = the + 단수명사 = 복수명사

A dog is faithful animal. (개는 충실한 동물이다.)
= **The dog** is faithful animal.
= **Dogs** are faithful animal.

man과 woman은 종족 대표를 나타내는 인칭으로 쓰여도 관사가 붙지 않는다.
Man is mortal. (사람은 죽게 마련이다.)

[4] a + 단수명사 + of ~ (~와 같은~)

He was **a brute of** a man.
(그는 야만인과 같은 사람이다.)

He lives in **a palace of** house.

(그는 궁전 같은 집에 산다.)

[5] the + 보통명사의 추상명사화

보통명사 앞에 the가 와서 추상명사의 의미를 갖게 되는 명사들이 있다.

the pen 문(文)의 힘	**the sword** 무(武)의 힘
the patriot 애국심	**the heart** 애정
the grave 죽음	**the mother** 모성

The pen is mightier than **the sword**.

(문(文)은 무(武)보다 강하다.)

[6] 불가산명사의 구조

불가산명사는 크게 고유명사, 집합명사, 추상명사로 나눠진다. 이들의 특징은 부정관사 a를 붙일 수가 없고 복수형에 붙이는 -s도 붙일 수 없다.

[7] 고유명사

지명, 인명 등 세상에 단 하나밖에 존재하지 않은 명사들을 고유명사라 부르며, 가장 앞 단어를 대문자로 표기한다. 관사를 붙일 수 없으며, 복수로 쓸 수 없다.

Seoul, Paris, Nakatomi, Lincoln

[출제 POINT] 군집명사와 집합명사의 구별

같은 명사라도 군집적 의미를 가지는 것과 집합적 의미를 가지는 것이 다르다.

종류	집합명사	군집명사
의미	집합체적	구성원 전부
구별 요령	울타리를 생각	개개인을 평가
집합명사 군집명사에 모두 해당하는 예	committee 위원회 family 가족 audience 청중 staff 직원 attendance 출석자 class 학급	

따라서 family와 같은 명사는 상황에 따라서 단수로도 복수로도 쓰인다.

The family consists of four person. ◉ 집합명사
(그 가족은 4명으로 구성되어 있다.)

My family are all diligent. ◉ 군집명사
(우리 가족은 모두 근면하다.)

[출제 POINT] 단수 · 복수가 뜻이 다른 명사

advice 충고 advices 통지	air 공기 airs 뽐내는 꼴	remain 나머지 remains 유물
authority 권위 authorities 당국	bone 뼈 bones 해골, 시체	brain 뇌, 골 brains 지능, 최고지도자
color 빛깔 colors 국기, 물감	content 만족, 용량 contents 내용, 목차	arm 팔 arms 무기
effect 효과 effects 동산, 물건	force 힘 forces 군대	glass 유리 glasses 안경
good 이익 goods 상품, 재산, 천	letter 문자 letters 문학, 서식	custom 습관 customs 관세, 세관
look 봄, 얼굴 looks 용모, 외관	manner 방법 manners 예절, 풍습	work 일 works 공장

sand 모래 sands 사막	pain 고통 pains 수고	paper 종이 papers 서류
regard 경의 regards 안부	remain 나머지 remains 유물	writing 쓰기 writings 저작, 작품

Most soldiers bear arms.
(대부분의 병사들은 무기를 가지고 있다.)

He passed the customs.
(그는 세관을 통과했다.)

This book is written in italic letters.
(이 책은 이탤릭 체로 쓰여 있다.)

Give him my best regards.
(그에게 저의 안부를 전해주세요.)

[출제 POINT] 상호복수

exchange greetings 인사를 나누다
shake hands with~ ~와 악수하다
make friends with~ ~와 친구가 되다
take turns (in) -ing 교대로 ~하다
change trains(cars , planes) 기차(자동차, 비행기)를 갈아타다
exchange places[seats] with~ ~와 자리를 바꾸다
be friends with ~와 친해지다

He **exchanges letters** with his friend. (O)
He exchanges letter with his friend. (X)
(그는 친구와 편지를 교환한다.)

[출제 POINT] 부정관사 a 와 an의 구별

> **a**: 철자에 관계없이 발음이 자음으로 시작되는 단어 앞에 사용
> **an**: 철자에 관계없이 발음이 모음으로 시작되는 단어 앞에 사용
>
> - 주의해야 할 a를 쓰는 어휘
>   자음으로 시작되는 단어 year
>   모음으로 시작되는 단어 uniform, university
> - 주의해야 할 an을 쓰는 어휘
>   hour, honesty, heir...

The Korean frontiers established **a university**. (O)
The Korean frontiers established an university. (X)
(한국인 선각자들이 하나의 대학을 세웠다.)

[출제 POINT] 주의해야 할 관사의 위치

- 원칙 : 명사 앞에 관사가 나와야 한다. 따라서 관사, 형용사, 명사의 순서가 된다.
- 주의해야 할 경우

> **so, too** + 형용사 + **a** + 명사
> **such, rather, many** + **a** + 형용사 + 명사

He is **so kind a man** that I like him very much.
(그는 너무 친절한 사람이라서 나는 그를 매우 좋아한다.)

He is **such a good boy**.
(그는 매우 착한 소년이다.)

- 감탄문에 사용되는 관사의 위치

> **What a** + 형용사 + 명사
> **How** + 형용사 + **a** + 명사

What a stupid boy he is! (그는 참으로 어리석은 소년이구나!)
= **How stupid a boy** he is!

Simple Check

1. My family (are / is) all present at the meeting.
2. Give him my best (regards / regard).
3. You must change (trains / a train) there.
4. The soldier was given (a / an) uniform.
5. He is (so kind a / such kind a) man that I like him very much.

Answer 1. are 2. regards 3. trains 4. a 5. so kind a

주어진 괄호 안에 알맞은 것을 고르시오.

1. (The all / All the) students of our school like the teacher.

2. Greg gave me some good (advice / advices).

3. The news (are / is) very surprising today.

4. We had an exciting (trip / travels).

5. I lost (a / the) book that he had bought for me.

다음 문장에서 틀린 부분을 찾아 고치시오.

6. We don't have many luggages to carry.

7. I am afraid I have a bad news.

8. Micky must get more exercises to lose his weight.

9. Children learns a lot from playing.

10. Some books provide every branch of knowledge and useful informations.

Fill in the blank with the most appropriate word and phrase.

1. A: Where is Prof. Park's office?
   B: It's _____ on your left.
   (a) the third door
   (b) a third door
   (c) third door
   (d) the third doors

2. A: What are you doing these days?
   B: I am working _____.
   (a) in the department store
   (b) in a department store
   (c) at the department store
   (d) at a department store

3. A: I hear Ann has won _____. What is she going to do with it?
   B: I've heard she's going to travel around the world.
   (a) a lot of money
   (b) a lot of moneys
   (c) the lot of money
   (d) lots of moneys

4. A: My father is very strict.
   B: I think _____.
   (a) quite strict father
   (b) he is a quite strict father
   (c) him of a quite strict father
   (d) he is quite a strict father

5. A: What's the matter with you?
   B: I hate _____ like a child by my parents and relatives.
   (a) to treat
   (b) treating
   (c) being treated
   (d) to treating

6. A: How was the exam?
   B: I wouldn't have taken it if _____.
   (a) I knew that it would be so difficult
   (b) I knew that it were so difficult
   (c) I had known that it was being so difficult
   (d) I had known that it is so difficult

7. _____ present at the party were surprised at the president's appearance.
   (a) Those
   (b) This
   (c) That
   (d) These

8. When the first time I visited the Korea town in Tokyo, I couldn't help _____ how much it resembled Seoul.
   (a) thinking
   (b) have thought
   (c) thoughtful
   (d) but think

9. When it comes to success, a high IQ is not the only factor that _____ into account.
   (a) take
   (b) has take
   (c) should take
   (d) should be taken

10. Jackson acquires a fortune by doing his business thoroughly, _____ his neighbor remains poor for life.
    (a) while
    (b) with
    (c) lest
    (d) for

11. A tropical tree that grows in _____, the mangrove is utilized in coastal land building.
   (a) salty ocean water
   (b) salty water
   (c) ocean water is salty
   (d) ocean salty water

12. I am surprised that _____ Lord Byron, the English poet.
   (a) you never heard of
   (b) you'd never hear of
   (c) you've never heard of
   (d) you've not been hearing of

Identify the grammatical error in the dialogue.

13. (a) A: Thirty dollars. But it can be more depending with the type of packaging. Is it breakable?
   (b) B: Actually, it is.
   (c) A: Then you'll need special packing.
   (d) B: Is there an extra charge for that?

Identify the ungrammatical sentence in the passage.

14. (a) The welfare state cannot successfully implemented. (b) Because it rests on the assumption that human beings are unselfish. (c) The welfare state is feasible only if wage earners are prepared to have their hard-earned funds used to help others in greater need. (d) But people innately seek their won well-being.

15. (a) To love at all is to be vulnerable. (b) Love anything, and your heart will certainly be wrung and possibly be broken. (c) If you want to make sure of keeping it intact, you must give your heart for no one, not even to an animal. (d) Wrap it carefully round with the hobbies and little luxuries, avoid all entanglements, lock it up safe in the casket or coffin of your selfishness.

Chapter 10 대명사

[1] 대명사의 의미

대명사는 말 그대로 명사를 대신하는 품사이므로 앞에 나온 단·복수에 따라서 단·복수가 결정된다. 또한 일반명사에는 없는 격, 즉 그것이 문장에서 주어로 쓰였는지 목적어로 쓰였는지의 개념을 잘 이해해야 한다.

[2] 대명사 수와 격의 일치

주로 출제가 되는 부분은 명사와 마찬가지로 단·복수와 격을 묻는 문제들이며, 특히 you나 yours와 같이 하나의 대명사가 단수와 복수로 활용되는 경우와 his와 같이 단·복수는 같더라도 격이 달라지는 경우에 유념한다.

[3] 재귀대명사

	주어	단수	복수
1인칭	I	myself	ourselves
2인칭	you	yourself	yourselves
3인칭	he, she it	himself, herself itself	themselves
기능	재귀용법: 동사 및 전치사의 목적어(주어=목적어 동일인) 강조용법: 주어 뒤에서 주어 강조(단독 주어는 불가)		

● 재귀 용법: 동사, 전치사의 목적어로 쓰인다.

Brian sometimes overeats **himself**. ◎동사의 목적어
(브라이언은 가끔 과식을 한다.)

The money I gave him is for **himself**. ◎전치사의 목적어
(내가 그에게 준 돈은 그가 쓰라고 준 돈이었다.)

● 강조 용법: 특정 대상을 강조하기 위해 쓰인다.

He **himself** says so. ◎주어 강조
(그 자신이 그렇게 말한다.)

She **herself** made it. ◎주어 강조
(그녀 자신이 그것을 해냈다.)

I likes Jane **herself**. ◎ 목적어 강조

(나는 바로 Jane을 좋아한다.)

He is kindness **itself**. ◎ 보어 강조

(그는 친절 그 자체이다.) ◎ itself 자리에 himself를 쓰지 않도록 한다.

[4] 대명사 it의 다양한 쓰임

● **지시대명사 it**: 문장 안에서 앞이나 뒤에 나오는 명사, 구, 절 등을 대신한다.

I bought a pen and gave **it** to her. (it = a pen)

(나는 펜을 하나 사서 그녀에게 그것을 주었다.)

◎ 일반적 사물은 one으로 특정한 사물은 it으로 받는다.

Do you have a pen? (펜이 있습니까?)
– Yes, I have **one**. (네, 하나 있어요.)
Do you have the pen? (그 펜이 있습니까?)
– Yes, I have **it**. (네, 갖고 있습니다.)

● **비인칭주어 it**: 날씨, 시간, 거리, 명암, 막연한 상황 등을 나타낼 경우에 쓰며, 해석은 하지 않는다.

It is rather warm today.

(오늘은 다소 따뜻하다.)

It takes time to get used to new shoes.

(새 신발에 적응하려면 시간이 걸린다.)

◎ 비인칭주어 it과 함께 쓰이는 take는 '(시간 등이) 걸리다'의 뜻이다.

It is 3 miles to the airport.

(공항까지 거리가 3마일이다.)

● **강조 구문의 it**: 문장에서 주어, 목적어, 부사구 등을 강조해서 표현할 때 it을 쓰며, 해석은 하지 않는다.

She told me the story yesterday.

(그녀가 어제 그 이야기를 나에게 말해주었다.)

It was she **that** told me the story yesterday. ◎ 주어 강조

(어제 나에게 그 이야기를 해준 것은 그녀였다.)

It was me **that** she told the story yesterday. ◎ 간접목적어 강조

(그녀가 어제 그 이야기를 해준 사람은 나였다.)

It was the story **that** she told me yesterday. ◎ 직접목적어 강조
(그녀가 어제 나에게 말해준 것은 그 이야기였다.)

It was yesterday **that** she told me the story. ◎ 부사 강조
(그녀가 나에게 그 이야기를 말해준 것은 어제였다.)

● **가주어와 가목적어 it**: 뒤에 따라오는 실질적인 주어인 to부정사, 동명사, that절 등을 대표해서 쓴다. 가목적어인 경우 뒤에 진 목적어가 따라온다.

It is important **to choose good friends.** ◎ 가주어(to부정사의 주어)
(좋은 친구를 고르는 것은 중요하다.)

It is no use **crying.** ◎ 가주어(동명사의 주어)
(울어봐야 소용없다.)

It isn't certain **whether she will like me.** ◎ 가주어(명사절) `
(그녀가 나를 좋아할지 아닐지는 확실치 않다.)

It is said **that he was a famous doctor.** ◎ 가주어(명사절)
(그는 유명한 의사였다고 전해진다.)

I made **it** a rule **to get up early.** ◎ 가목적어(부정사)
(나는 일찍 일어나기로 했다.)

She found **it** impossible **climbing to the top of the mountain.** ◎ 가목적어(동명사)
(그녀는 그 산 정상에 오르는 것이 불가능하다는 것을 알았다.)

[출제 POINT] 재귀대명사의 관용적 쓰임

by oneself 자기 자신을 위하여(= for one's own sake), 홀로, 혼자서(=alone)

for oneself 혼자 힘으로(= without other's help)

of itself 저절로

in itself 본래, 그 자세로서

beside oneself 제정신이 아닌(→ come to oneself: 제정신이 들다)

between ourselves 남몰래, 우리끼리 얘기지만 (= between you and me)

in spite of oneself 무의식적으로, 자기도 모르게

to oneself 독점하여, 자기 자신만의

Ten years is a long time to live **by myself**.

(십 년은 혼자서 살기에는 긴 시간이다.)

No man can live by and **for himself**.

(인간은 혼자서 그리고 혼자 힘으론 살 수 없다.)

[출제 POINT] 동의어구 so와 부정적 동의어구

A: 긍정문 ⇒ 주어 + 동사: ⋯는 ~이다(하다)

B: 긍정적 동의 ⇒

● So + 주어 + 동사: 정말로 ~이다(하다)

So I do. (정말 난 그래):동일 주어

● So + 동사 + 주어: ⋯도 역시 ~이다(하다)

So do I. (나도 역시 그래.): 다른 주어

A: He is kind.

(그는 친절하다.)

B: **So he is.**

(정말 그는 친절하다. = Yes, he is kind.)

So is she.

(그녀도 역시 친절하다. = She is kind, too)

A: 부정문 ⇒ 주어 + not + 동사: ~는 …아니다
B: 부정적 동의 ⇒ 주어 + not + 동사, either: ~도 역시 그렇지 않다
           neither + 동사 + 주어
           nor + 동사 + 주어

A: Michael is not my friend.
(마이클은 내 친구가 아니다.)

B: She is **not** my friend, **either**.
Nor is she. ◉접속부사
Neither is she. ◉부사
(그녀 역시 내 친구가 아니다.)

[출제 POINT] other 수반 어구들

one~, the other... 하나는~, 나머지 하나는…
one~, another... 하나는 ~이고, 또 하나는 …이다
some~, others... ~하는 사람도 있고, … 하는 사람도 있다
some~, the others... 몇 명은 ~하고, 나머지는 … 하다
one~, the others... 하나는~, 나머지 전부는…
one after~ the other (둘이서) 번갈아, 차례로
one after~ another (셋 이상) 번갈아, 차례로
one another (셋 이상) 서로서로

He has two dogs; **one** is black and **the other** is white.
(그는 개가 두 마리 있는데, 하나는 검정, 다른 하나는 흰색이다.)

There are many dolls; **one** is big and **the others** are small.
(인형이 많이 있다. 하나는 크고 나머지는 모두 작다.)

[출제 POINT] some과 any의 구별

some과 any의 용법을 묻는 문제들이 빈번히 출제된다.

> • **some**: 긍정문
> • **any**: 의문문, 부정문, 조건문(If)에 사용

Some of your advice is likely to be very useful.

(너의 조언 중 몇몇은 매우 유용한 것 같다.)

The detective cannot find **any** of the clue.

(그 형사는 어떤 단서도 찾을 수 없었다.)

Simple Check

1. The door opened (of itself / by itself).

2. Michael is not my friend. Nor (is she / she is).

3. He has two dogs ; one is black and (the other / another) is white.

4. The police cannot find (any / some) of the clue.

주어진 괄호 안에 알맞은 것을 고르시오.

1. I have five friends; one is a student, (others / the others) are workers.

2. Workers in steel, textile, or chemical factories can find lots of similarities in factories of the same type wherever (they / he) might go.

3. Parents hope that everyone of you will enjoy (your / his) life.

4. Nancy found (them / it) difficult to send her son to the dentist.

5. Below is a picture of the eye movements of a poor reader, and of (that / those) of a good reader.

다음 문장에서 틀린 부분을 찾아 고치시오.

6. Greg suggested to both Tom and I that we go to the club.

7. I have any other questions.

8. Three of the twelve competitors won prizes; others got nothing.

9. Since Yura ran faster than me, she was able to win the race.

10. One way in which novelists and playwrights can provide information about their characters is by directly describing it.

Fill in the blank with the most appropriate word and phrase.

1. A: I can't find Jack anywhere. I wonder where he is.
   B: He _____ tennis.
   (a) should be playing
   (b) could be playing
   (c) must play
   (d) would rather play

2. A: What did you get Helen for her birthday? I bought a new edition of Jaque Roussier CD.
   B: Really? So _____. I should buy another present.
   (a) is mine
   (b) do I
   (c) am I
   (d) did I

3. A: Which neck-tie do you want, blue or red?
   B: The red _____.
   (a) those
   (b) one
   (c) it
   (d) them

4. A: Could you recommend an effective way to learn science?
   B: A great way for students to learn science is to perform experiments _____.
   (a) by themselves
   (b) by himself
   (c) of themselves
   (d) of himself

5. A: How do you define treatment?
   B: Treatment _____ caring for people who seek medical treatment.
   (a) is defined as
   (b) are defined
   (c) defined
   (d) defines as

6. A: Were many great men born in this town?
   B: No, only babies _____ here.
   (a) were born
   (b) was born
   (c) are born
   (d) is born

7. There _____ five accidents at this intersection for the last ten months.
   (a) have been
   (b) will be
   (c) were
   (d) had been

8. U.S. president Obama _____ in South Korea this Wednesday to discuss The North Korean nuclear issue.
   (a) is due to arriving
   (b) will being arrived
   (c) will have arrived
   (d) is due to arrive

9. Russell's first-person report on the trip's accomplishments, remarkable for its detail and humor, _____ in May issue.
   (a) was appeared
   (b) is appeared
   (c) are appeared
   (d) appeared

10. Even though computers operate without human prejudice, some people fear that _____ logical solutions can be harmful to man.
    (a) those
    (b) its
    (c) their
    (d) one

11. When a severe ankle injury forced _____ to give up reporting in 1926, Margaret Mitchell began writing her novel Gone with the Wind.

(a) to herself

(b) her

(c) herself

(d) she

12. Shaila did _____ the work by herself without any help from other people.

(a) almost all

(b) almost

(c) most

(d) the most

Identify the grammatical error in the dialogue.

13. (a) A: Excuse me, I'm looking for Janice.

(b) B: I'm Janice. What can I do for you?

(c) A The cashier in the cafeteria sent me here. I'd like to change my meal plan.

(d) B: How plan do you have now?

Identify the ungrammatical sentence in the passage.

14. (a) I am writing this letter with regards to Neil Bergeron. (b) Mr. Bergeron is an excellent employee who has worked for me for the past three years. (c) He is hardworking, diligent, and performs all of his duties as well as any of my other employees. (d) As an on-site engineer, he has received nothing but the highest praise from all of our customers what he has visited.

15. (a) Technological progress makes economic growth. (b) It also makes a worker's particular skills less crucial to production. (c) Yet workers's satisfaction in their work depends on their believed that their work is difficult and requires uncommon skills. (d) Then, technological progress causes workers to feel less satisfaction in their work.

Chapter 11 동명사

[1] 동명사의 본질

동명사는 동사가 명사화된 것으로 명사의 역할과 동사의 성질을 같이 가지고 있다. 주어, 목적어, 보어, 전치사의 목적어 등 명사적 역할을 하고, 뒤에 목적어, 보어를 취하는 동사적 성질이 있다.

[2] 동명사와 주변 성분의 구조

일반명사는 뒤에 목적어를 취하지 못하지만 동명사는 취할 수 있다.

They immediately launched out on (analysis / analyzing) something into its elements.

(그들은 어떤 것을 그것의 요소로 분해하는 작업에 즉시 착수했다.)

◎ 전치사 다음에는 명사(analysis)와 동명사(analyzing) 둘 다 올 수 있다. 하지만, 뒤에 something이라는 목적어를 받을 수 있는 동사의 성질을 가진 것은 동명사뿐이다. 따라서 위 문장에서는 analyzing만 올 수 있다.

Playing cards is interesting. ◎ 주어

(카드를 가지고 노는 것은 재밌다.)

I enjoy eating out with my family. ◎ 타동사의 목적어

(나는 가족과 함께 외식하는 것을 즐긴다.)

I was afraid of seeing her. ◎ 전치사의 목적어

(나는 그녀를 보기가 두려웠다.)

[3] 동명사의 시제

동명사는 다음과 같은 두 가지 시제를 나타낸다.

● **단순동명사**: 단순동명사는 동사의 시제와 동일하거나 미래의 시점을 가리킨다.

　I am fond of skiing on Sundays. ◎ 동사 am과 동명사 skiing이 동일한 현재시제

　(나는 일요일마다 스키 타는 것을 즐긴다.)

　I am sure of her succeeding. ◎ 동사 am은 현재, succeeding이 가리키는 시점은 미래

　(나는 그녀가 성공하리라 확신한다.)

● **완료동명사**: 완료동명사는 'having + 과거분사' 형태이며, 동사의 시제보다 한 시점 앞선 과거를 나타낸다.

　I am sure of having failed the exam. ◎ 확신하는 시점은 현재이나 완료동명사의 시점은 과거

　(나는 그 시험에 떨어졌다고 확신한다.)

I was sure of **having failed** the exam. ⊙ 확신하는 시점이 과거이기에 완료동명사의 시점은 대과거

(나는 그 시험에 떨어졌다고 확신했다.)

[4] 동명사의 태

동명사는 동사의 성질을 가지고 있어서, 수동형으로 쓸 수 있다.

종류	예시	형태	해석
능동형	stealing	-ing	훔치는 것
수동형	being stolen	being + 과거분사	훔쳐진 것
완료형	having stolen	having + 과거분사	훔쳤던 것
완료수동형	having been stolen	having been + 과거분사	훔쳐졌던 것

The machine is also purchased for **being sold** to foreign companies. ⊙수동형

(그 기계는 또한 외국회사들에게 팔리는 용도로 구입되기도 한다.)

I didn't mind **having been punished**. ⊙완료수동형

(나는 벌 받은 것에 대해 신경 쓰지 않았다.)

[출제 POINT] 부정사와 동명사에 다 쓰일 수 있지만 의미상 차이가 있는 동사

- remember + to부정사 (미래에 할 것을) 기억하다 　　remember + 동명사 (과거의 일을) 기억하다
- forget + to부정사 (미래에 할 것을) 잊다 　　forget + 동명사 (과거의 일을) 잊다
- regret + to부정사 (~할 것에 대해) 유감이다 　　regret + 동명사 (~한 것에 대해) 후회하다
- try + to부정사 (지속적으로) 시도하다 　　try + 동명사 (시험삼아 한 번) 해보다

- I **remember to meet** the teacher.
  (나는 선생님을 만날 것을 기억한다.)
  I **remember meeting** the teacher.
  (나는 선생님을 만났던 것을 기억한다.)
- She **tried to write** in pencil.
  (그녀는 연필로 써보도록 노력했다.)
  She **tried writing** under an assumed name.
  (그녀는 시험삼아 가명으로 써 보았다.)

[출제 POINT] 부정사의 to와 전치사 to의 구별
to부정사를 생각해서 to 뒤에 무조건 동사원형을 써서는 안 된다.

- be equal to -ing ~와 똑같다, ~을 감당하다 　　When it comes to -ing ~에 대해서는
- be accustomed to -ing(동사원형) ~에 익숙해지다 　　object to -ing ~을 반대하다
- be opposed to -ing(명사) ~에 반대하다 　　be[get] used to -ing ~하는데 익숙하다(익숙해지다)
- be devoted to -ing(명사) ~에 몰두하다 　　look forward to -ing ~을 학수고대하다
- with a view to -ing ~할 목적으로

Being poor, I **am** not **equal to buying** the car.
(가난하기 때문에, 난 그 차를 살 수가 없다.)

I am **accustomed to reading / read** a book all night. ⊙ 동사원형, 동명사 모두 가능
(나는 밤새도록 책 읽는 것에 익숙하다.)

[출제 POINT] 동명사의 관용표현

There is no -ing: ~은 안 된다
It is no use(good) -ing: ~해봐야 소용없다

cannot help -ing ~하지 않을 수 없다

feel like -ing ~하고 싶다

It goes without saying that~ ~는 두말할 필요도 없다

have difficulty(a hard time) -ing ~하는데 어려움을 겪다

be on the point(verge) of -ing 막~하려던 참이다

make a point of -ing ~하는 것을 규칙(습관)으로 삼다

be busy (in) -ing ~하느라 바쁘다

on(upon) -ing = as soon as + 주어 + 동사 ~하자마자

In -ing = When + 주어 + 동사 = While + 주어 + 동사 ~할 때에는

spend + 시간 + -ing ~하면서 시간을 보내다

go -ing ~하러 가다

come near -ing 자칫하면 ~할 뻔하다

far from -ing = never ~와는 거리가 먼

부정어 ~ without -ing ~하면 언제나 ~하다

be worth -ing ~할 만한 가치가 있다

She **had difficulty remembering** his name.

(그녀는 그의 이름을 기억하는데 어려움을 겪었다.)

I **make a point of praying** at noon.

=I make it a rule[point] to pray at noon.

=I am in the habit of praying at noon.

(나는 정오에 기도하는 것을 습관으로 삼는다.)

Simple Check

1. I regret (spending / to spend) too much money at young.

2. The teacher has been devoted to (teach / teaching) English for young students.

3. It never rains without (pour / pouring).

4. Her novel is worth (reading / to reading).

Answer 1. spending 2. teaching 3. pouring 4. reading

주어진 괄호 안에 알맞은 것을 고르시오.

1. Jerry considered (taking / to take) a plane instead of a express train.

2. He used to (play / playing) golf on Sundays.

3. I object to (be / being) punished for no reason.

4. He is used to (drive / driving) a car.

5. Have you finished (to write / writing) your letter?

다음 문장에서 틀린 부분을 찾아 고치시오.

6. Dancing to jazz music is almost as exciting to me as to race motorcycles.

7. He had difficulty to find a place to live in.

8. Yura prefers finishing her work to leave it undone before going home.

9. The customer complained of the guest room to be too dirty.

10. Darcy suffered from a toothache, so she couldn't postpone to go to the dentist.

Fill in the blank with the most appropriate word and phrase.

1. A: Why do you stay home all day?

   B: I don't feel like _____ out today.

   (a) going

   (b) to go

   (c) to be gone

   (d) to being gone

2. A: The new sales manager is arriving from California tonight.

   B: I'm looking forward _____ her.

   (a) to meeting

   (b) to meet

   (c) to be meeting

   (d) to be meet

3. A: Why does Tom often wear a heavy coat?

   B: Because he _____ in such a cold climate.

   (a) is used to living

   (b) is used to live

   (c) is not used to living

   (d) is not used to live

4. A: I don't have a good working relationship with my coworkers.

   B: When _____ a solid relationship, honesty is the best policy.

   (a) there is coming to

   (b) there comes to establishing

   (c) there has come to establish

   (d) it comes to establishing

5. A: That was _____ project I have ever worked on.

   B: Fortunately, it's totally over.

   (a) the most boring

   (b) most boring

   (c) the most bored

   (d) most bored

6. A: What's your question, Lily?
   B: I wonder why some mothers _____ after the birth of their baby.
   (a) are depressed
   (b) are depressing
   (c) depressed
   (d) depress

7. They had a hard time _____ many problems.
   (a) to solve
   (b) solving
   (c) to have solved
   (d) being solved

8. I cannot help _____ myself that my readers will find both amusement and useful information.
   (a) flattering
   (b) to flatter
   (c) being flattered
   (d) but flattering

9. Ms. Julian considered _____ a express train instead of a bus.
   (a) taking
   (b) to take
   (c) taken
   (d) is taking

10. The summit talks will be held _____ Seoul.
    (a) in
    (b) from
    (c) at
    (d) on

11. The employees seem _____ able to finish all their assignments in time.
   (a) not to be
   (b) not be
   (c) no be
   (d) not to being

12. A large number of animals _____ since Dolly the sheep.
   (a) had been cloned
   (b) cloned
   (c) has been cloned
   (d) have been cloned

Identify the grammatical error in the dialogue.

13. (a) A: Is it all right if I come over about at 8:30?
   (b) B: No, don't come then. I'll be watching the game on TV.
   (c) A: Oh, well, what about 9:30?
   (d) B: Yes, that'll be fine. The game will have ended by then.

14. (a) A: We thought of having a Spanish seminar next month.
   (b) B: Really? But most of us will be on vacation then. Maybe you should change the date if it's still possible.
   (c) A: Oh, I had totally forgotten about that. Thank you for reminding me. I'll see if we can reschedule it for the following month.
   (d) B: By then I will be back from vacation. One of my clients is from Mexico, and I need to learn Spanish badly.

Identify the ungrammatical sentence in the passage.

15. (a) Television has given us the privilege of watching right in our home, all the year round, the great sporting events of the world. (b) But television sports announcers take a lot of the pleasure away from sports fans. (c) Michael Jordan or Sarapova don't need any help in providing good entertainment. (d) The announcers do their best to spoil that entertainment with their endless and foolish chatter.

Chapter 12 부정사

[1] 부정사의 의미

부정사는 동사원형 앞에 to가 붙어서 명사적 역할을 하기도, 형용사적 역할을 하기도 하고 부사적 역할을 하기도 한다.

[2] 부정사의 명사적 용법

'~하는 것' 이라고 해석되고 , 문장에서 명사(주어, 목적어, 보어)의 역할을 하지만 여전히 동사의 성질을 가지고 있어서 목적어를 받을 수 있으며 부사가 수식어로 올 수도 있다.

● 주어로 쓰일 때

To use the dictionary is necessary.

(사전을 활용하는 것이 필요하다.)

Hard to do exercise is good for your health. (X)

To do exercise hard is good for your health. (O) ◉ 부사는 부정사를 뒤에서 수식한다.

(열심히 운동하는 것은 너의 건강에 좋다.)

● 목적어로 쓰일 때: 일반명사와는 달리 부정사는 목적어를 동반할 수 있다.

I want marriage her. (X) ◉ 일반명사

I want **to marry** her if she doesn't refuse my proposal. ◉ to부정사

(나는 그녀가 나의 청혼을 거절하지 않는다면, 그녀와 결혼하고 싶다.)

● 보어로 쓰일 때

To teach is **to learn**.

(가르치는 것이 배우는 것이다.)

● 동격으로 쓰일 때

The king had one aim in life, **to live** forever.

(그 왕은 삶에서 하나의 목표가 있었는데, 영원히 사는 것이었다.)

[3] 부정사의 형용사적 용법

부정사의 형용사적 용법은 '한정적 용법', 즉 명사 뒤에서 직접 수식하는 경우와 be동사 뒤에서 주격보어로 쓰이는 '서술적 용법'으로 나뉜다.

● 한정적 용법: 명사를 뒤에서 수식(후치수식)

I have no friend **to borrow** money from. ◉ 부정사 뒤에 전치사를 쓰는 경우도 있다.

(나는 돈을 빌릴 친구가 없다.)

a paper **to write on** 쓸 종이	a chair **to sit on** 앉을 의자
a house **to live in** 살 집	a pen **to write with** 가지고 쓸 펜
money **to live on** 살아갈 돈	

● 서술적 용법①: be + to부정사

be동사 다음에 to부정사가 서술적 용법으로 쓰인 경우는 예정, 의무, 가능, 의도, 운명의 의미를 갖는다.

We are to meet tomorrow. ◎예정

(우리는 내일 만날 예정이다.)

All students **are to sit** their seats by 8:30 am. ◎의무

(모든 학생은 오전 8시 30분까지 자리에 앉아야 한다.)

In the future, we **are to see** stars at all times. ◎가능(=could)

(미래에 우리는 언제라도 별을 볼 수 있을 것이다.)

If we **are to earn** a lot of money, we must work harder. ◎의도

(만일 우리가 많은 돈을 벌려면, 우리는 더욱 열심히 일해야 한다.)

They **were** never **to see** each other again. ◎운명

(그들은 두 번 다시 서로 만나지 못할 운명이었다.)

● 서술적 용법②: 자동사 + to부정사

자동사 다음에 to부정사가 와서 형용사로 사용된다.

He **seemed to think** over the problem. ◎seem(appear) to부정사:~처럼 생각되다(보이다)

(그는 그 문제를 깊이 생각하는 것처럼 보였다.)

He **failed to follow** our advice. ◎fail to부정사: ~하지 않다, ~할 수 없다

(그는 우리 충고를 듣지 않았다.)

[4] 부정사의 부사적 용법

● 동사 수식

You must play **to win**.

(너는 이기기 위해 경기에 임해야 한다.)

We must sacrifice ourselves **to make** our dreams come true.

(우리는 꿈을 실현시키기 위해 자신을 희생해야 한다.)

● 형용사 수식

부정사가 형용사를 수식할 때 일반적으로 'be + 형용사 + to부정사'의 구조를 취한다.

I am glad **to see** you again.

(나는 너를 다시 만나서 기쁘다.)

English is easy **to learn**.

(영어는 배우기 쉽다.)

He is sure **to pass** the exam.

(그는 그 시험에 통과할 것이 확실하다.)

[출제 POINT] 준동사의 기본 개념

	동사변형	명사변형	형용사변형	부사변형
make	과거형 made 완료형 have(had/has) made 조동사의 사용 can(will) make	to부정사: to make 동명사: making	to부정사: to make 현재분사: making 과거분사: made	to make
비고	주로 시제가 달라짐	명사 기능: 주어, 목적어 등	형용사 기능: to부정사와 두 가지의 분사가 의미상, 시제상 차이에 따라 쓰임	부사 기능: 목적 (~하기 위해)의 의미를 갖는 경우가 많음

[출제 POINT] 부정사의 의미상 주어의 일반 원칙

- 의미상 주어를 생략하는 경우

  문장의 주어와 같으면 생략한다.

  I expect to succeed. (나는 성공하길 기대한다.)

  막연한 일반인이 주어일 때 생략한다.

  It is wrong to tell a lie. (거짓말하는 것은 나쁘다.)

- 의미상 주어를 표시하는 경우

  'for+목적격' 으로 표시하는 경우: 원칙적으로는 for를 쓴다.

  'of+목적격' 으로 표시하는 경우: 사람의 성격과 특성을 나타내는 형용사 다음에는 'of+목적격' 으로 쓴다.

[출제 POINT] 부정사의 의미상 주어의 적용

- 대개는 전치사 for를 쓰지만 전치사 of를 쓰는 형용사들을 기억해야 한다.

clever	cruel	foolish	kind	good	nice	generous	smart
polite	brave	careful	rude	stupid	wise	wrong	

It is natural of him to like the way his mother does things.

(그가 자기 어머니가 일하는 방식을 좋아하는 것은 당연하다.)

- 의미상의 주어를 쓸 때 전치사를 묻는 유형

  It is natural (of him, for him) to imitate the way his father does things.

  (그가 자기 아버지가 일처리하는 방식을 따라하는 것은 당연하다.)

  ○natural은 성격, 기분을 묻는 형용사 종류가 아니기에 for를 쓰는 것이 적절하다.

[출제 POINT] 부정사의 관용적 용법

- know better than to: ~할 만큼 어리석지는 않다
  He **knows better than to** do such a silly thing
  (그는 그런 일을 할 정도로 어리석지는 않다.)

- I cannot help but + 동사원형: ~하지 않을 수 없다
  =have no choice but to + 동사원형
  =cannot do otherwise but (to) + 동사원형 =cannot help -ing
  =cannot but + 동사원형

  I **cannot help but laugh**. (나는 웃지 않을 수 없다.)
  =I **have no choice but to laugh**.
  =I **cannot do otherwise but (to) laugh**. =I **cannot help laughing**.

[출제 POINT] 독립부정사

strange to say 이상하게도	**needless to say** ~은 말할 것도 없이
so to speak 말하자면	**to say nothing of** ~은 말할 것도 없이
to begin with 우선, 첫째로	**not to mention** ~은 말할 것도 없이
to be honest 솔직히 말해서	**to be frank with you** 솔직히 말하면
to speak strictly 엄격히 말하면	**to do (one's) justice** 공정히 평가하면
to make matters worse 설상가상으로	**to one's surprise** 놀랍게도
to be sure 확실히	**to make a long story short** 요점을 말하면

To tell the truth, he is not a person who can be loved by someone.
(솔직히 말하면, 그는 누군가에 의해 사랑받을 만한 사람은 아니다.)

Simple Check

1. (To be / To being) a doctor, he entered the medical school.

2. It was nice (of you / for you) to carry her luggage.

3. I have no choice but (to laugh / laughing) at that moment.

4. Needless (to say / saying) again, I have never done that.

Answer 1. To be 2. of you 3. to laugh 4. to say

주어진 괄호 안에 알맞은 것을 고르시오.

1. The teacher encouraged me (to keep / keep) studying.

2. My parents agreed (lending / to lend) me some money when I told them about the position I was in.

3. In order to make my dream (come / to come) true, I decided not to waste time.

4. It was very kind (for / of) you to help me.

5. Jack said that it's sometimes difficult for him (to be / being) on time.

다음 문장에서 틀린 부분을 찾아 고치시오.

6. Administration officials are reluctant to showing any government plans.

7. Greg and Dharma did nothing to walk along the shore from noon until night.

8. Kelly's mother expects for her daughter to be a good surgeon.

9. I like Jill, but I think she tends talking too much.

10. Obama appears being done a good job.

STEP 4 Actual Test

Fill in the blank with the most appropriate word and phrase.

1. A: I thought you were working late last night.
   B: I _____, but my mom suddenly fell ill.
   (a) suppose to
   (b) supposed to
   (c) was supposed to
   (d) was supposing to

2. A: Larry is too lazy.
   B: You are right. He needs _____.
   (a) to work harder
   (b) working hardly
   (c) working harder
   (d) to work hardly

3. A: Are you _____ a car?
   B: I didn't decided yet.
   (a) think to buy
   (b) thinking of buying
   (c) think of buying
   (d) thinking to buy

4. A: My bicycle has _____. Can you fix it for me?
   B: Okay, but I can't do it now. I'll fix it tomorrow.
   (a) flat tire
   (b) the flat tires
   (c) the flat tire
   (d) a flat tire

5. A: Those clouds are very black, _____?
   B: Yes. I think it is going to rain.
   (a) isn't it?
   (b) aren't them?
   (c) aren't they?
   (d) aren't it?

6. A: Let's admit our mistake or failure.

 B: And then, let's go on _____ better.

 (a) trying to do

 (b) try to do

 (c) being try to do

 (d) be try to do

7. He is reported to _____ in the war.

 (a) have been killed

 (b) being killed

 (c) have killed

 (d) be killing

8. _____ is impossible.

 (a) To have never sinned

 (b) To never have sinned

 (c) To never be sinned

 (d) To be never sinned

9. Jerry agreed to Tom's proposal in order _____ with him.

 (a) not to fighting

 (b) not fight

 (c) no fight

 (d) not to fight

10. Is salt sold _____ kilogram?

 (a) by

 (b) by the

 (c) in a

 (d) in the

11. Mr. Yoo is the most popular comedian known _____ his modesty in Korea.

 (a) for

 (b) at

 (c) with

 (d) to

12. She had _____ in the crowd.

   (a) her pocket stealing

   (b) her pocket picked

   (c) her pocket steal

   (d) her pocket picking

Identify the grammatical error in the dialogue.

13. (a) A: Say, Wendy, what is the name of that new restaurant you went to last night?

   (b) B: It's called Tango Tuna, I don't recommend it though. The atmosphere is okay, but the food and service are terrible.

   (c) A: Thanks for telling me. I was going to take our new account here to celebrate our deal. You're a life saver!

   (d) B: Yeah, it's getting some good reviews in the media. But it's really just a lot of hype.

14. (a) A: Why don't did they hire more people? I'm really overstretched with this heavy workload.

   (b) B: They are always looking for ways to cut costs. But there's just too much work.

   (c) A: Maybe we should talk to the manager.

   (d) B: I agree. Let's bring this up during Wednesday's meeting.

Identify the ungrammatical sentence in the passage.

15. (a) Their purpose of a general theory of art is to explain every aesthetic feature. (b) And every aesthetic feature found in any of the arts. (c) Premodern general theories of art, however, focused primarily on painting and sculpture. (d) Every premodern general theory of art fails to explain some aesthetic feature of music.

Chapter 13 형용사

[1] 형용사의 두 가지 용법

명사를 앞에서 수식하는 한정적 용법과 명사의 뒤에서 주로 동사(그 중에서도 2형식 동사)와 함께 쓰이는 서술적 용법 두 가지가 있다.

This is a **cheap** shirt. ◎ 명사 수식 - 한정적 용법

(이것은 값싼 셔츠이다.)

This shirt is **cheap**. ◎ 주격보어 - 서술적 용법

(이 셔츠는 싸다.)

[2] 형용사의 한정적 용법

She met a **drunken** man. (O)

(그녀는 술 취한 남자를 만났다.)

He is drunken. (X) ◎ drunken은 한정용법으로만 사용되어야 한다.

● **후치수식을 하는 경우**

다음과 같은 후치수식의 경우에는 예외적으로 쓰이기 때문에 잘 알아두어야 한다.

> ● 형용사가 -thing, -body로 끝나는 (대)명사를 수식할 경우
> ● 형용사의 수식 해설이 길거나, 두 개 이상의 접속사로 연결된 경우
> ● 두 개 이상의 형용사가 명사를 수식하는 경우
> ● 최상급, all, the, every 뒤에 오는 명사를 -able, -ible로 끝나는 형용사가 수식하는 경우
> ● 서술적 용법으로 쓰는 형용사가 명사를 수식하는 경우
> ● '주격 관계대명사 + be동사'가 생략된 형태의 경우

There is **something special**. (O) (특별한 무엇이 있다.)

There is special something. (X)

◎ -thing으로 끝나는 명사(everything, nothing, anything)는 후치수식

The beautiful lady, **poor** but **honest**, helped me.

(아름답고 가난하지만 정직한 그 숙녀가 나를 도왔다.)

◎ 형용사가 접속사로 연결되어 길어진 경우 후치수식

They met with **the greatest difficulty unbearable**.

(그들은 참을 수 없는 큰 난관에 봉착했다.)

◎ 최상급 뒤의 명사를 -able형용사가 수식하는 경우 후치수식.

I sent a letter **written** in English.

(나는 영어로 쓰여진 편지를 보냈다.)

◎ a letter와 written 사이에 주격관계대명사인 which와 be동사 was가 생략되어 있는 형태이다.

- **기타 후치수식**

관용적 후치수식	from time immemorial 태고 이래로 matters political 정치 문제 on Sunday next 내주 일요일에 · · · in the year past 작년에 in the year following 다음 해에 · · · the students present 참석한 학생들 for these three years coming 다가오는 3년 동안 Asia Minor 소아시아 sum total 총액 court martial 군법 회의
부사의 형용사화	the people here(there) 여기(거기)의 사람들 the development thereafter 그 후의 발전
칭 호	Victoria the Great 빅토리아 대왕

[3] 형용사의 서술적 용법

- 형용사가 주격보어, 목적격보어로 사용되는 것을 서술적 용법이라 하며, 이때 이 보어 위치에 부사가 올 수 없음에 유의해야 한다.

  She remained **silent**. (O) ◎ 주격보어로 사용된 형용사

  She remained silently. (X)

  (그녀는 조용히 있었다.)

  I found the book very **boring**. ◎ 목적격보어로 사용된 형용사

  (나는 그 책이 매우 지겹다는 것을 알았다.)

- **서술적 용법의 예**

be alive 살아있다	be ashamed of ~을 부끄러워하다
be aware of ~을 알다	be afraid of ~을 두려워하다
be worth ~의 가치가 있다	be unable to ~할 수 없다
be fond of ~을 좋아하다	

[출제 POINT] 형용사의 두 가지 용법의 중요 예

한정적 용법과 서술적 용법의 차이를 이해하면서 다음의 중요 예를 기억한다.

한정적 용법	서술적 용법
동사를 매개로 하지 않고 명사를 바로 수식	동사를 반드시 매개로 하고, 주격보어, 목적격보어로 사용
only 유일한 　　golden 황금의 lone 고독한 　　mere 단순한 wooden 목재의 　　very 참된 woolen 양모의 　　main 주요한 right 오른쪽의 　　left 왼쪽의 lovely 아름다운 　　spare 여분의 ● -er이 들어가는 형용사 upper 상위의 　　inner 안의 utter 완전한 　　elder 손위의 outer 밖의 　　former 앞의	drunk 취한 　　content 만족한 worth ~의 가치가 있는 　　unable 할 수 없는 fond 좋아하는 　　ignorant 모르는 ● a-가 들어가는 형용사들 alive 살아있는 　　alone 홀로 ashamed 수줍어하는 　　aware 알고 있는 awake 잠이 깬 　　alike 같은 afraid 두려워하는
drunken 취한 living 살아있는	drunk 취한 alive 살아있는

[출제 POINT] 가산명사와 불가산명사에 사용되는 형용사의 비교

	가산명사와 사용 (수 표시)	불가산명사와 사용 (양 표시)
많은	many a lot of　　　lots of plenty of　　　a number of	much a lot of　　　lots of plenty of　　　a good deal of
매우 많은	a great[good] many a great[large] number of~ 다수의~	a great quantity of a great deal of 다량의~
약간 있는	a few 약간 있는(긍정적 의미) not a few = many 많은 only a few = but few 극소수의 quite a few = a number of 상당히 많은	a little 약간 있는(긍정적 의미) not a little = much 많은 only a little = but little 아주 적은 quite a little = a good deal of 상당히 많은
거의 없는	few 거의 없는(부정적 의미)	little 거의 없는(부정적 의미)

a lot of(lots of)는 가산명사, 불가산명사에 모두 쓸 수 있다.

Is there a lot of money in your pocket?

(주머니에 돈이 많이 있니?)

A lot of the stories are in this book.

(많은 이야기가 이 책에 실려 있다.)

[출제 POINT]   few 와 a few의 차이

few는 '거의 없는,' a few는 '상당히 있는' 의 의미 차이를 보인다.

He has a few cousins.

(그는 사촌이 제법 있다.)

He has few cousins.

(그는 사촌이 거의 없다.)

Simple Check

1.   It was (sensible / sensitive) of you to get his offer in writing.

2.   The lights are shining like (so many / so much) stars.

3.   He will show (a great number of / a great deal of) collection.

4.   Not (a few / few) students applied for the course.

Answer 1. sensible 2. so many 3. a great deal of 4. a few

주어진 괄호 안에 알맞은 것을 고르시오.

1. The president was at last found (alive / living) around 11:00 pm.

2. It was very (surprising / surprised) to see so many older people at the movie.

3. We saw a (old large / large old) stone buildings.

4. There is (few / little) hope of her loving me.

5. The witness's testimony was not (reliable enough / too reliable) to present to the jury.

다음 문장에서 틀린 부분을 찾아 고치시오.

6. They have been partners in this project for a couple of year.

7. Few realized, when the laser was first discovered, that it would provide us with so much benefits.

8. Not a little buyers showed an interest in the wine.

9. Dharma was already reading chapter ninth.

10. Greg said that he didn't do many writing.

Fill in the blank with the most appropriate word and phrase.

1. A: What was Branda carrying?

    B: She was carrying a _____ handbag.

    (a) beautiful crocodile-skin little

    (b) crocodile-skin little beautiful

    (c) little beautiful crocodile-skin

    (d) little crocodile-skin beautiful

2. A: Do you think I am responsible for the accident?

    B: Either you or Jane _____ responsible for the accident.

    (a) are

    (b) is

    (c) is being

    (d) are being

3. A: Why does Jane look so upset?

    B: The dress _____ Jane bought doesn't fit her very well.

    (a) what

    (b) that

    (c) whom

    (d) those

4. A: Wow, these books are all yours?

    B: No, whatever books I have in the house _____ from the public library.

    (a) are borrowed

    (b) is borrowed

    (c) is borrowing

    (d) was borrowing

5. A: Why don't people use the highway?

    B: _____ there was an accident on the highway, the driver decided to take a detour.

    (a) Though

    (b) Whether

    (c) Unless

    (d) Since

6. A: Are you a friend with Justin?
    B: Yes. Justin is a real friend, for he advised me as well _____ me with my work.
    (a) as helped
    (b) to help
    (c) as to help
    (d) as help

7. This is _____.
    (a) Tom and Mary's house
    (b) Tom's and Mary's house
    (c) Tom's and Mary's houses
    (d) Tom and Mary house.

8. He made _____ to his wife that he wanted to enter politics.
    (a) it known
    (b) to know it
    (c) it to known
    (d) it knowing

9. Unlike most Europeans, many Americans _____ bacon and eggs for breakfast everyday.
    (a) used to eating
    (b) are used to eating
    (c) are used to eat
    (d) used to eat

10. Yesterday, one old man _____ with the President about nothing very important for a long time.
    (a) has kept talking
    (b) has kept to talk
    (c) kept talking
    (d) kept to talk

11. Greg was upset to hear that a high school friend of _____ had been promoted to vice-president.

(a) his

(b) him's

(c) himself

(d) he

12. To leave a better living environment to our offspring, we should _____.

(a) stop polluting

(b) stop to pollute

(c) have stopped to pollute

(d) stopped

Identify the grammatical error in the dialogue.

13. (a) A: Oh, no, it's raining. I can't believe it! This is a brand new sweater. It's going to ruin.

(b) B: No, it won't be. Don't worry, Janis. I have an umbrella. We can walk to that store over there.

(c) A: Walk to...? Oh, you mean the one on the corner?

(d) B: Yeah, it has cheap umbrellas.

Identify the ungrammatical sentence in the passage.

14. (a) The meaning of a literary work is not fixed but fluid. (b) Therefore a number of equally valid interpretations of it may be offered. (c) Interpretations primarily involve imposing meaning on a literary work rather than discovered meaning in it. (d) So interpretations need not consider the writer's intentions.

15. (a) It is interesting to see middle school children and high school students dressed in uniforms. (b) Although there is some variation between schools, individuals do not look much different from each other in dress. (c) Mr. Kim says he thinks it prevents people from developing their own personality and he wishes the wearing of uniforms would cease. (d) But of course, there are many good things to be said for uniforms, such as the fact that it is a good way of showing not wealth.

PART IV

수식어구

Chapter 14 부사

[1] 부사는 형용사와의 개념을 구별하는 것이 가장 중요하다.

부사는 주로 형용사에 -ly가 붙은 형태로 자주 쓰인다. (예외: friendly, lovely와 같이 명사에 -ly가 붙는 형태도 있다.) 따라서 부사는 원래부터 형용사와의 관계를 늘 염두에 둬야 한다. 또한 형태적으로는 clockwise와 같이 -wise나 sideways와 같이 -ways도 전형적인 부사를 형성하는 어근이다.

[2] 부사는 보어로 쓰일 수 없다.

부사는 형용사와 달리 보어로 쓰일 수 없다.

He got **angrily**.(x) ◑ 2형식 동사의 보어이므로 angry가 적절

(그는 화났다.)

The financial state of the country is very **seriously** right now.(x) ◑ serious가 적절

(그 국가의 재정 상황이 지금 매우 심각하다.)

Her proposal sounds **well**, so I accept that.(x) ◑ 보어 자리이므로 good이 적절

(그녀의 제안이 좋아보여서 나는 받아들였다.)

Remain **silently**.(x) ◑ 보어 자리이므로 silent가 적절

(침묵을 지키고 있어라.)

[3] 과거분사, 현재분사는 부사가 수식한다.

분사는 형용사 기능을 하기에 형용사가 수식할 수 없다.

This product is the most **widely** used recently.

(이 상품은 최근에 가장 폭넓게 사용되고 있다.)

[4] 명사 앞에는 부사가 올 수 없다.

명사에 대한 수식은 형용사가 담당하고, 부사는 동사나 형용사를 수식한다.

Carefully writing is more important than others. (x)

(주의 깊게 작문하는 것은 다른 것보다 가장 중요하다.)

◑ writing이라는 동명사를 수식하므로 careful

단, 부사가 문장 전체를 수식하기 위해 문장 앞에 올 경우 콤마(,)와 함께 쓸 수 있다.

Strangely, he got a bad grade.

(이상하게도, 그는 나쁜 성적을 받았다.)

[5] 쓰임에 주의해야 할 부사들이 있다.

- already / still / yet

already	주로 긍정문에 쓰이며, 간혹 의문문에 쓰일 경우는 '놀라움'을 표현한다.
yet	● 부정문-아직까지 ● 의문문-이미, 벌써 ● 긍정문-아직도, 여전히
still	● 긍정문/부정문/의문문-아직(도), 여전히

He has already left here. ◉ already의 긍정문

(그는 벌써 이곳을 떠났다.)

Have you finished it already? ◉ already의 의문문

(벌써 이것을 끝냈다고요?)

It's early yet. ◉ yet의 긍정문

(아직 이르다.)

● **good / well**

good	주로 형용사로 '좋은, 훌륭한'의 뜻으로 쓰인다.
well	주로 부사로 '잘, 훌륭하게'의 뜻으로 쓰인다. 형용사로는 '건강한'의 뜻으로 쓰인다.

He did a good deed. ◉ 형용사

(그는 선행을 했다.)

Business is going well. ◉ 부사

(사업이 잘 되어가고 있다)

cf. well이 부사로 쓰일 때는 일반적으로 형용사는 수식하지 않는다.

● **very / much**

일반적으로 very는 형용사, 부사의 원급과 현재분사를 수식하며 much는 형용사, 부사의 비교급과 과거분사 및 동사를 수식한다.

very	형용사, 부사	원급	현재분사
much	동사	비교급	과거분사

I like coffee much better than tea. ◉ 비교급은 much나 far 등으로 수식한다.

(나는 차보다 커피를 훨씬 더 좋아한다.)

He told me a very interesting story. ◉ 현재분사는 very로 수식한다.

(그는 매우 재미있는 이야기를 해주었다.)

[출제 POINT] 부사의 위치

다음의 부사 위치는 자주 출제된다.

- 형용사, 부사 수식: 이때는 부사가 원칙적으로 앞에 온다.
- 후치수식부사: 예외적으로 후치수식하는 부사를 주의해야 한다.
- 자동사, 타동사 수식: 이때는 앞·뒤에 자유로이 온다.
- 빈도, 정도 부사의 위치

위치	① be동사 뒤 ② 일반동사 앞 ③ 조동사와 본동사 사이 / 'be + 과거분사' 사이				
빈도 부사	frequently regularly	scarcely usually	ever rarely	once often	always seldom never sometimes
정도 부사	almost hardly	greatly deeply	nearly generally	wholly mostly	completely

The teacher **always** comes on time. ◎ 일반동사 앞에 위치
(그 선생님은 항상 정각에 오신다.)

The teacher has **always** studied with his students. ◎ '조동사(have)+과거분사' 형태에서는 그 사이에 위치
(그 선생님은 항상 그의 학생들과 공부해오셨다.)

[출제 POINT] 후치수식 부사

형용사나 부사를 수식할 때, 뒤에서 수식하는 부사들이 있다.

enough	alone	also	else	too	either

단, enough가 형용사로 '충분한'의 뜻을 가질 경우 보통 형용사와 마찬가지로 수식하는 명사의 앞에 올 수도 있다. (후치수식도 가능)

We saved **enough** food for a week. ◎ 형용사로 쓰인 enough로 명사 food 앞에 위치했다.
(우리는 일주일 동안 쓸 충분한 음식을 모았다.)

The meat is done **enough**. ◎ enough의 후치수식
(그 고기는 잘 익었다.)

[출제 POINT] 의미와 품사를 조심해야 할 부사

다음의 여러 단어들의 의미와 위치를 구별하라는 문제가 자주 출제된다.

near	부사: 가까이 / 형용사: 가까이의 / 전치사 :~의 근처
nearly	부사: 거의 , 대략
nearby	부사: 가까이로 / 형용사: 가까운

fair	형용사: 공정한 / 부사: 공정하게
fairly	부사: 공정하게, 꽤 (상당히)
rather	부사: 오히려, 다소

most	형용사: 대부분의 / 대명사: 대부분 / 부사(the most): 가장
almost	부사: 거의
mostly	부사: 대개

Take a walk **near** here.(O) ⊙ here란 명사를 받는 전치사 위치이기에 near만 온다.
Take a walk nearly here.(X)
(이 근처에서 걷자.)

[출제 POINT] 비교에 쓰이는 부사

원급에는 very를, 비교급에는 much를 사용해야 한다. 다음과 같은 부사들은 주로 비교급에 쓰인다.

| much | far | by far | even | still | a lot | a little |

He looks **much** better in this shirts.(O)
He looks very better in this shirts.(X)
(그는 이 셔츠를 입으면 훨씬 더 멋있어 보인다.)

Simple Check

1. We often work (late / lately) at night

2. He can (be hardly / hardly be) praised.

3. This kite is (enough big / big enough) to carry the man.

4. (Most / Almost) people don't like revealing their secrets.

5. It is (very cheaper / much cheaper) than that.

Answer 1. late 2. be hardly 3. big enough 4. Most 5. much cheaper

주어진 괄호 안에 알맞은 것을 고르시오.

1. Greg (hard / hardly) ever watches television.

2. (Strange / Strangely), he got a bad grade.

3. This hot pepper is so spicy that it (most / almost) burns your throat.

4. Greg swept the office after all colleagues had gone (home / to home).

5. The sales plan will be developed from the (recent / recently) completed research data.

다음 문장에서 틀린 부분을 찾아 고치시오.

6. My grandmother has lived in England for ten years but can't speak still English.

7. This type of shoulder injury requires rarely surgery.

8. Forty-one percent of those respondents said they sometimes were late for work.

9. We arrived an hour lately.

10. I'll be with you direct.

Fill in the blank with the most appropriate word and phrase.

1. A: Yuri took a keen interest in international affairs.
   B: _____ I.
   (a) Either do
   (b) Either did
   (c) So did
   (d) So do

2. A: Where did you go on vacation?
   B: We visited a _____ village.
   (a) old quaint English
   (b) quaint old English
   (c) English old quaint
   (d) English quaint old

3. A: I wonder why Jill didn't come to the meeting.
   B: She _____ about it.
   (a) can know
   (b) should not have known
   (c) might have known
   (d) might not have known

4. A: I am really worried _____ my exam next week.
   B: Don't worry, Tom. You'll pass.
   (a) by
   (b) at
   (c) about
   (d) to

5. A: Have you heard from George?
   B: No, he hasn't written _____.
   (a) by me lately
   (b) to me lately
   (c) to me late
   (d) by me late

6. A: How did you go home?

B: I walked _____ the station.

(a) to home from

(b) home from

(c) home by

(d) to home by

7. You will come to the retirement party, _____?

(a) you will?

(b) will you?

(c) won't you?

(d) you won't?

8. Please join us at the movie theater, when you _____ your preparation for tomorrow's party.

(a) will finish to do

(b) finish to do

(c) finish doing

(d) will finish doing

9. Pure naphtha is highly explosive if _____ to an open flame.

(a) it exposed

(b) is it exposed

(c) expose it

(d) exposed

10. _____, he is not worthy of his reputation.

(a) Strictly to speak

(b) Speaking strictly

(c) Strictly speaking

(d) We speaking strictly

11. Running is the most _____ method of staying healthy.

    (a) wide used

    (b) wide using

    (c) widely used

    (d) widely using

12. Kelly plays tennis _____ a professional tennis player.

    (a) like

    (b) alike

    (c) similar

    (d) to

Identify the grammatical error in the dialogue.

13. (a) A: Let's not talk about this project to anybody who doesn't need to know. We should keep it to us.

    (b) B: I agree. We don't want any of our competitors to rip it off.

    (c) A: Right. Shall we meet again on Tuesday afternoon and discuss our plan for getting this project off the ground?

    (d) B: OK. I hope we can launch it in time for the holiday season.

14. (a) A: Now that Alan has left, we'll have to start thinking of a replacement.

    (b) B: Do you want to use that staffing agency again, or do you think we should advertise?

    (c) A: Hmm... We don't want another guy like the last one the agency sent us. He was terrible! I think we should advertise.

    (d) B: I agree. I'll draw up a list of suitable newspapers and journals and check its rates.

Identify the ungrammatical sentence in the passage.

15. (a) Every form of art is good for everyone. (b) It is felt, enjoyed, and experiencing. (c) The appreciation of art results in a happier feeling and deeper understanding of other people and the world. (d) Art enriches our spirit.

Chapter 15 전치사

[1] 전치사의 이해

전치사는 명사 앞에 위치하여 부사구 내지는 형용사구를 형성한다. 따라서 전치사가 붙은 명사는 전체 문장에서 주어로 쓰일 수는 없다. 전치사와 접속사의 구분은 가장 빈출되는 분야 중의 하나이다. 뒤에 문장이 와야 하는 접속사와는 달리 전치사의 뒤에는 목적어가 와야 한다. 따라서, 전치사 뒤에는 명사나 명사상당어구가 와야 한다. 접속사는 뒤에 문장이 오므로 절(주어+동사 구조)을 연결해 주지만, 전치사는 절을 연결하지 못한다.

I will not meet her **because** I don't like her.(O) ◎ 접속사
(나는 그녀가 싫기 때문에 만나지 않을 것이다.)
I will not meet her **because** of I don't like her.(X) ◎ 전치사

[2] 전치사의 종류와 구분

전치사는 시간을 나타내는 전치사, 장소를 나타내는 전치사, 인과관계를 나타내는 전치사 등으로 나눠진다. 각각의 미세한 의미를 잘 파악해서 효율적으로 활용하는지를 물어보는 것 등이 시험에 자주 출제된다.

[3] 시간 표시 전치사

시간을 나타내는 전치사는 크게 at, in, on이 있으나 대체로 at이 제일 작은 범위를, on이 그 다음으로 큰 범위를, in이 제일 큰 범위를 나타낸다고 보면 된다.

- at을 쓰는 경우: at seven 7시에, at dawn 새벽에, at noon 정오에
- in을 쓰는 경우: in May 5월에, in 1995 1995년에
- on을 쓰는 경우: on weekend 주말에, on January 12 1월 12일에

[4] 공간 표시 전치사
- 정지 상태 공간

> - at: 비교적 좁은 장소(마을, 읍, 역)
>   장소의 한 점 표시, 동작과 연관된 장소
>   주소-번지 표시
>
> - in: 비교적 넓은 장소(도시, 국가)
>   어느 구역, 지역 내부 표시 :~ 속에, ~ 안에
>   좁은 장소 중 자기가 살고 있는 곳

at home 집에   at the restaurant 식당에서

in the distance 먼 곳에 in Korea 한국에서

He lived **at** 11 Brattle Street.

(그는 브래틀 가 11번지에 살았다.)

He lived **in** New York.

(그는 뉴욕에 살았다.)

He lives **in** the house.

(그는 그 집에 살고 있다.)

● 위, 아래 공간

> ● **over**: 수직으로 (바로) 위 — 공간 존재
> **under**: 수직으로 (바로) 아래 — 공간 존재
>
> ● **above**: (비스듬히, 막연하게, 보다 높은) 위
> **below**: (비스듬히, 막연하게, 보다 낮은) 아래
>
> ● **on**: (표면에 접촉해서) 위
> **beneath**: (표면에 접촉해서) 아래
>
> ● **up**: (위로 올라가는) 운동의 방향
> **down**: (아래로 내려가는) 운동의 방향

over one's head 머리 위에 a bridge over a river 강에 걸린 다리

under the rug 양탄자 밑에 under the bridge 다리 바로 밑에

above the horizon 수평선 위에 above the trees 나무 위에

below the bridge 다리 아래쪽에 below the table 테이블 밑에

1500 meters above (the) sea level 해발 1500미터

[출제 POINT] 시간 표시 전치사 in, on, at

시간 표시 전치사 중에서 가장 대표적인 범위에 속하는 in, on, at의 쓰임이 가장 빈번하게 출제가 된다. 가장 큰 범위는 in, 중간 범위는 on, at은 가장 협소한 범위에 쓰인다.

- **at**: 시각(시, 분, 초), 하루의 정오(밤, 일몰, 새벽)
- **in**: 월, 년, 계절, 세기, 하루의 오전(오후, 저녁), 기간(~사이)
- **on**: 특정한 요일, 날짜, 특정한 날의 아침(오후, 저녁)

at the beginning[end] of the month 월 초[말]에   **at sunset** 해질녘에
in the 21st century 21세기에
on one's birthday 생일에   **on Christmas day** 크리스마스에

[출제 POINT] 시간 표시 전치사 for, during, through, since, from

- **for**: 뒤에 기간을 나타내는 '수사 + 기간표시 명사' 가 온다.
  ⇒ How long ~?으로 시작하는 질문에 대한 대답
- **during**: 특정 기간 중의 '동작, 상태의 계속 기간' 을 나타내는 명사가 온다.
  ⇒ When ~?로 시작하는 질문에 대한 대답
- **through**: 처음부터 끝까지의 기간, '~ 동안 내내' 를 표시한다.
- **since**: '~ 이래로 줄곧', '과거부터 현재까지의 계속' 을 나타내고 현재완료와 자주 쓰인다. since 뒤에는 과거시점이 와야 한다.
- **from**: '~ 부터(...까지)' 의 뜻으로 to와 함께 쓰며, 과거의 출발점을 나타내고 현재까지의 계속적인 의미는 없다. 즉, 단순히 특정 사건의 발생점만 표시한다.

since와 for는 완료시제가 왔을 때 사용해야 함을 특히 유념한다.

The war lasted for five years.
(그 전쟁은 5년간 지속되었다.)
He came here during my absence.
(그는 내가 없을 때 이곳에 왔었다.)
I had a hard time sitting through concert.
(연주회를 끝까지 앉아서 듣느라고 혼났다.)
He hasn't eaten anything since yesterday.
(그는 어제 이후로 아무 것도 먹지 않았다.)

◎ 뒤에 'since + 과거시점' 이 나온 경우 주절에 과거시제를 쓸 수 없다. since는 전치사뿐만 아니라 접속사로도 사용된다.

I've been doing this work **since** I retired.
(은퇴한 이후로 난 계속 이 일을 해왔다.)

[출제 POINT] by와 until의 쓰임

- by: (어느 때까지의) 동작의 완료를 표시
- until: (어느 때까지의) 동작, 상태의 계속을 표시

Finish it **by** six o'clock.
(6시까지는 끝내라.)
Please keep it **until** 7:00 p.m.
(오후 7시까지는 이것을 간직해다오.)
Please don't speak **until** you are spoken.
(누가 말을 걸기 전에는 말하지 마라.)

[출제 POINT] 위, 아래 상태의 공간 전치사

- beneath: ~ 아래로
- up: ~ 위로

The ship was sunk **beneath** the waves.
(그 배는 바다 속으로 가라앉았다.)
He was climbing **up** the mountain.
(그는 산 위로 올라가고 있는 중이었다.)

Simple Check

1. He gets up early (at seven / in seven) everyday.
2. He is suffering (from / of) headache.
3. I congratulate (of / on) your success.
4. He was running (beneath / down) the stairs.

Answer 1. at seven 2. from 3. on 4. down

주어진 괄호 안에 알맞은 것을 고르시오.

1. In the theater she was sitting right (in front of / before) me.

2. Many people prefer large cars (despite / though) the rising cost of gasoline.

3. (Before / After) stealing the bread, he ran off for his life.

4. (Because of / In spite of) his tight schedule, Mr. Kim will not be able to visit the plant this week.

5. For detailed information (about / at) these and other orders, please visit our homepage.

다음 문장에서 틀린 부분을 찾아 고치시오.

6. Don't talk to your mouth full.

7. When the artist in America rebels against technology or even science, he has no place to choose as a fortress and the heart.

8. Lightning is caused at the friction of vapor, which is by a suitable temperature.

9. The new scientific hypotheses being proposed now will be substantiated or disproven on time.

10. Egyptian clothes were usually made with linens ranging from coarse to fine texture.

Fill in the blank with the most appropriate word and phrase.

1. A: Have you heard _____ Ann?

B: She is building her own house.

(a) about

(b) at

(c) in

(d) by

2. A: Did you read the report?

B: I read the report, but I _____.

(a) still am not convinced

(b) am not still convinced

(c) am still not convincing

(d) am not still convincing

3. A: Do you like the Chinese food served in American restaurants?

B: It's not bad but I prefer _____.

(a) Chinese food authentically

(b) Chinese authentic food

(c) food Chinese authentically

(d) authentic Chinese food

4. A: Do you like her house?

B: Yes. Her home had the most _____ floors I had ever seen.

(a) beautiful old-fashioned wood

(b) beautiful wood old-fashioned

(c) old-fashioned wood beautiful

(d) old-fashioned beautiful wood

5. A: Ann, we don't have any salt.

B: Oh, we don't? I'll get some _____ the store.

(a) from

(b) by

(c) to

(d) at

6. A: Where's Amy?
   B: She's _____ vacation. She has gone to Italy.
   (a) on
   (b) without
   (c) at
   (d) with

7. The salesman promised that the refrigerator would be delivered _____ three hours.
   (a) in
   (b) for
   (c) on
   (d) at

8. The medicine is now very familiar _____ the doctors.
   (a) to
   (b) with
   (c) for
   (d) in

9. _____ go out on a date with her anymore because she is so quiet and passive.
   (a) I'll rather not
   (b) I'd rather not
   (c) I won't rather
   (d) I'd rather didn't

10. I don't know _____ from.
    (a) where does she comes
    (b) where she comes
    (c) where comes she
    (d) her where comes

11. Ms. Miranda said she wants everything done _____ she comes back from this vacation.

    (a) as soon as

    (b) by the time

    (c) while

    (d) for

12. Let's compare two slogans, _____ try to get us to think of chocolate products as healthy foods rather than as indulgences.

    (a) both of which

    (b) of which both

    (c) either of which

    (d) of which either

Identify the grammatical error in the dialogue.

13. (a) A: Excuse me.

    (b) B: Yes. What can I do for you?

    (c) A: I have some films to develop.

    (d) B: Okay, they'll be ready tomorrow morning.

14. (a) A: Now, pick up the bill, Arthur.

    (b) B: Don't you think you have to pay?

    (c) A: What? You burned near the steaks, didn't you?

    (d) B: True, but I'm near broke, and I won't get paid soon.

Identify the ungrammatical sentence in the passage.

15. (a) The automobile presents an exercise of power. (b) Driving represents a challenge to be overcome. (c) There is a constant parade of tiny decisions that await your action and that certify you as skilled and needed. (d) It makes perfect sense, therefore, that getting a driver's license have become the rite of passage to the adult world.

Chapter 16 현재분사, 과거분사

[1] 분사는 동사가 형용사로 변화된 구조로 이해한다.

분사는 동사가 형용사로 변화된 구조로 이해하는 것이 좋다. 따라서 분사는 주로 2형식 동사의 보어 자리에 쓰인다.

[2] 분사의 형태에 따른 용법

-ing가 붙는 현재분사, -ed가 붙는 과거분사로 나누어진다.

● 현재분사와 과거분사의 의미상 또는 기능상 차이점

현재분사	능동, 진행의 의미	원인
과거분사	수동, 완료의 의미	경험

It is an **interesting** story. ◎ story는 interest를 만드는 원인
(이것은 재미있는 이야기이다.)

They were **surprised**. ◎ they는 surprise를 받은 경험
(그들은 놀랐다.)

● 현재분사

현재분사는 능동이나 진행의 의미를 나타내며, 어떤 표현에 대한 원인이 된다.

It is an **exciting** game. (원인: 현재분사) ◎ I was excited. (결과: 과거분사)

They are **amusing** students. (원인: 현재분사)
(그들은 재미있는 학생들이다.)

cf. They are **amused** students. (결과: 과거분사)
(그들은 재밌어하는 학생들이다.)

● 과거분사

과거분사는 수동이나 완료의 의미를 가지며, 어떤 표현에 대한 결과나 경험이 된다.

An urgent meeting was **convened** this morning.
(긴급회의가 오늘 아침에 소집되었다.) ◎ 수동의 의미로 결과를 나타냄

They are **bored** whenever the teacher delivers a speech.
(선생님이 연설할 때마다 그들은 지루해한다.) ◎ 수동의 의미로 결과를 나타냄

[3] 분사의 위치에 따른 용법-(1) 한정적 용법

분사는 형용사의 성격이 있으므로 형용사에서처럼 분사도 위치에 따라 두 가지 용법이 있다.

the **rising** star(떠오르는 스타) <현재분사전치수식>

a **retired** woman(은퇴한 여성) <과거분사전치수식>

A **burnt** child dreads the fire. 〈과거분사전치수식〉

(한 번 화상당한 아이는 불을 두려워한다.)

Who is that boy **drinking** coffee? 〈현재분사후치수식〉

(커피를 마시고 있는 저 소년은 누구입니까?)

[4] 분사의 위치에 따른 용법-(2) 서술적 용법

보어를 필요로 하는 2형식과 5형식 문장에서 주로 쓰인다.

● be동사와 자동사 뒤에서 보어로 쓰이는 경우(주격 보어)

분사가 자주 따라오는 2형식 동사						
sit	stand	lie	come	run	keep	remain

Mother sat **reading** the book.

(어머니는 그 책을 읽으면서 앉아 계셨다.)

The letters were **placed** on the manager's desk.

(그 서류들은 매니저의 책상에 놓여 있었다.)

● 5형식 문형에서 분사가 명사 뒤에 오는 경우 (목적격 보어)

분사가 자주 따라오는 5형식 동사 - 지각동사와 사역동사						
see	hear	feel	watch	find	have	make

I heard him **playing** the piano. ◎현재분사

(나는 그가 피아노 치는 소리를 들었다.)

I made my car **repaired**. ◎과거분사

(나는 내 차를 수리했다.)

[출제 POINT] 분사구문

● 분사구문은 주절과 종속절의 주어가 동일할 때, 문장을 간결화하기 위한 구문이다.

As I was walking along the street, I met a friend.
= **Walking** along the street, I met a friend.

(길을 따라 걷고 있을 때, 나는 한 친구를 만났다.)

● 분사구문의 위치는 문장 앞, 중간, 뒤 어디에도 올 수 있다.

문장 앞: **Walking** along the street, I met a friend.
문장 중간: I, **walking** along the street, met a friend.
문장 뒤: I met a friend, **walking** along the street.

[출제 POINT] 분사구문의 종류

위에서 본 바와 같이 분사구문은 다양한 접속사가 생략된 형태이기에, 여러 가지 상황을 표현하게 된다.

● 시간을 표현하는 경우

Running a taxi company, I lost much money.
= While(When/As) I was running a taxi company, I lost much money.

내가 택시회사를 운영하는 동안에(while)
내가 택시회사를 운영할 때(when)　　　　　나는 많은 돈을 잃었다.
내가 택시회사를 운영하면서(as)

● 이유를 표현하는 경우

Not knowing what to do, I asked for his advice.
= As(Because/Since) I didn't know what to do, I asked for his advice.

(무엇을 해야 할지 몰라서 나는 그의 조언을 요청했다.)

● 조건을 표현하는 경우

Hearing at the news, she will sob into her handkerchief.
= If she hears at the news, she will sob into her handkerchief.

(만일 그녀가 그 소식을 듣는다면, 그녀는 손수건에 얼굴을 묻고 흐느껴 울 것이다.)

● 양보를 표현하는 경우

Admitting what you say, I can't believe it.
= Though I admit what you say, I can't believe it.

(비록 당신이 말한 것을 인정한다 할지라도, 나는 믿을 수 없습니다.)

● 연속 동작을 표현하는 경우

Entering the auditorium, they crowded around the famous actress.
= As they were entering the auditorium, they crowded around the famous actress.

(강당에 들어가면서, 그들은 유명한 여배우 주위에 모여들었다.)

- 부대상황을 표현하는 경우

  Talking on the phone, he was reading a newspaper.
  = As he was talking on the phone, he was reading a newspaper.
  (전화로 이야기하면서 그는 신문을 보았다.)

[출제 POINT] **분사구문과 접속사의 결합**

의미를 명확하게 하기 위해서 분사 앞에 접속사를 쓰기도 한다.

Running a taxi company, I lost much money.
= While(When / As) running a taxi company, I lost much money.
(택시회사를 운영하면서 나는 많은 돈을 잃었다.)

[출제 POINT] **독립분사구문**

다음의 분사구문들은 전부 독립적으로 쓰인다.

- strictly speaking 엄밀히 말하면
- generally speaking 일반적으로 말하면
- frankly speaking 솔직히 말하면
- taking all things into consideration 모든 점을 고려해서
- judging from(by) ~로 판단컨데
- providing that 만약 ~이라면
- granting(admitting)~ ~라 할지라도

This is not so bad, **considering** the circumstances.
(상황을 고려한다면, 이것은 그리 나쁘지는 않다.)

Judging from her behavior, she must be under twenty.
(그녀의 태도로 판단해본다면, 그녀는 틀림없이 20세 이하이다.)

Simple Check

1. The rarely (found / founding) four-leaf clover is considered a lucky sign.

2. (Because / Though) I was disappointed, I struck him in the face.

3. Strictly (speaking / spoken), he is not a good professor.

4. (Taking / Taken) all things into consideration, he is excellent.

Answer 1. found 2. Because 3. speaking 4. Taking

STEP 3 Basic Practice

주어진 괄호 안에 알맞은 것을 고르시오.

1. The animals in the circus performed some (amused / amusing) tricks.

2. If we're tired, (bored / boring) or sitting in a stuffy room, we tend to breathe more slowly than normal.

3. The reason is that the boy feels very (pleased / pleasing) to see the wheels turn around.

4. (Accepted / Accepting) what he says, I don't think he'll sacrifice himself for his friends.

5. Our new diet provides a (satisfying / satisfied) meal with only 150 calories per serving.

다음 문장에서 틀린 부분을 찾아 고치시오.

6. She made me so annoying that I felt like shouting at her.

7. Comparing with this time last year, the prices of commodities have arisen.

8. If you are trying to concentrate, loud music can be very distracted.

9. Seen the policeman, the thief ran away.

10. His speech was so bored that many in the audience became impatient.

Fill in the blank with the most appropriate word and phrase.

1. A: Did you hear the news?
   B: I _____ at the news.
   (a) was pleasing
   (b) was pleased
   (c) was to please
   (d) had pleased

2. A: We saw movies _____ theaters.
   B: And it's not a pleasant experience.
   (a) in crowded
   (b) in crowding
   (c) by crowded
   (d) by crowding

3. A: What did they think about the plan?
   B: Everyone was so happy and _____ about it.
   (a) excite
   (b) exciting
   (c) excited
   (d) excites

4. A: Why didn't he say hello when he passed us on the street?
   B: He _____ daydreaming.
   (a) might have been
   (b) can be
   (c) might have
   (d) should have been

5. A: Who can tell him the truth?
   B: I'll tell him when he _____ home tomorrow.
   (a) will come back
   (b) would back
   (c) comes back
   (d) came back

6. A: Why _____ to the concert?

   B: I lost my ticket.

   (a) you not go

   (b) didn't you go

   (c) you didn't go

   (d) didn't go you

7. _____ by the decision, the plaintiff quickly left the courtroom.

   (a) Angered

   (b) Angering

   (c) Having angered

   (d) Having angering

8. Over half the people said they sometimes feel _____ online.

   (a) threatened

   (b) threatening

   (c) to threaten

   (d) to threatening

9. The bank had to reduce the number of its employee because of the _____ economic situation.

   (a) worse

   (b) worsening

   (c) worser

   (d) to worse

10. The names of the participants of the riot remain _____.

   (a) be secret

   (b) a secret

   (c) being a secret

   (d) to be secret

11. Before I left, I _____ a cup of juice by her.
  (a) was offered
  (b) have offered
  (c) have been offered
  (d) was being offered

12. She explained _____ that she didn't feel any affection to anyone of us.
  (a) us
  (b) at us
  (c) to us
  (d) for us

Identify the grammatical error in the dialogue.

13. (a) A: Hi. Do you need help?
  (b) B: Yes. I was driving along. Somehow my car's just stopped. And I can't get it starting again.
  (c) A: Maybe you've run out of gas.
  (d) B: That's impossible. I filled it up last night and I haven't driven very far.

Identify the ungrammatical sentence in the passage.

14. (a) I can not barely remember life without television. (b) I have spent 20,000 hours of my life in front of television. (c) Not all my contemporaries watched so much, but many did, and what's more, we watched the same programs and heard the same commercials. (d) So our generation has a tremendous amount of experience in common.

15. (a) John works five days each week except when on vacation. (b) Four days a week he works in an insurance company. (c) On Fridays he works as a blacksmith. (d) Therefore, he must have worked in the insurance company in Monday, Tuesday, Wednesday, and Thursday last week.

Chapter 17 비교급

[1] 비교에 3가지 급

비교는 주어와 비교 대상의 동등성을 나타내는 원급(주로 as ... as 형태), 주어가 비교 대상보다 우등하거나 열등함을 나타내는 비교급(주로 more ~ than 의 형태), 주어가 비교 대상 전체에서 제일 우수함을 나타내는 최상급(주로 the most)의 형태 등 세 가지가 있다.

[2] 비교급 및 최상급 만드는 법1 ─ 규칙적 변화

	변화 규칙	주의할 표현
-er / -est	● 1음절어와 일부 2음절어 ● -er, -ow, -le, -y, -ly, -some으로 끝나는 2음절어 ● 2음절어가 '뒤에 accent가 오는 경우' ● 부정접두어+2음절어	● 어미가 '단모음+단자음'으로 끝날 때는 어미의 자음을 중복하여 '-er, -est'를 붙인다. big – bigger – biggest thin – thinner – thinnest
more- / the most -	● 3음절어 이상인 경우 ● 2음절어 중에서 어미가 -able, -al, -ful, -ing, -ive, -ous로 끝나는 경우 ● 서술적 용법으로만 쓰는 형용사 ● 동일인, 동일물의 두 가지 성질을 비교할 경우 형용사 + -ly 형 부사	● 어미가 '자음+y'로 끝난 경우는 'y → i'로 고친 후 '-er, -est'를 붙인다. happy - happier - happiest ● 'long, wide, high, thick' 등 단위 표시 형용사는 '-er than'으로 쓴다.

[3] 비교급 및 최상급 만드는법2 ─ 불규칙적 변화

● 원급이 두 가지인 경우

many much	more	most	가산명사의 경우 불가산명사의 경우
good well	better	best	형용사(good)비교 부사(well)비교
bad ill	worse	worst	bad(나쁜)의 비교 ill(아픈)의 비교

- 비교급, 최상급이 두 가지인 것

old	older	oldest(연령)
	elder	eldest(손위, 연장)
late	later	latest(시간) — 규칙 변화
	latter	last(순서) — 불규칙 변화
far	farther	farthest(거리)
	further	furthest(정도, 시간, 수량)

He is **older than** my eldest brother.

(그는 내 큰 형보다 나이가 많다.)

The **latter** part of the play was interesting.(O)
The later part of the play was interesting.(X)

(연극의 후반부가 재미있었다.)

I can't walk any **farther(further)**.

(나는 더 멀리(더 이상) 걸을 수 없다.)

Have you anything **further** to say?

(더 할 말씀이 있으세요?)

- 비교급 · 최상급이 없는 형용사

round	full	vacant	empty
unique	matchless	complete	perfect
dead	square	supreme	

rounder – roundest (X)
more unique – most unique (X)

[출제 POINT] 라틴계 비교급

다음의 비교급에서는 뒤에 than을 쓰지 않고 to를 써야 한다.

superior to ~보다 우수한	**prior to** ~보다 앞선
inferior to ~보다 못한	**senior to** ~보다 손위의
anterior to ~보다 이전에	**junior to** ~보다 아래인, 하급의
posterior to ~보다 후에	**prefer A to B** B보다 A를 더 좋아하다

This bag is **superior to** that.(이 가방이 저 가방보다 더 좋다.)
She is **senior to** me by two years.(그녀는 나보다 두 살 많다.)

[출제 POINT] 비교와 배수 표현

비교와 배수사가 결합될 때의 어순이 중요하다. 기본적으로 다음과 같은 어순을 기억해야 한다.

- 원급 사용: A + 배수사 + as 원급 as + B
- 비교급 사용: A + 배수사 + more[-er] than + B

주로 크기, 숫자, 양, 무게, 높이, 폭 등의 비교 표현에 자주 쓴다.
This street is **twice as broad as** that one. (이 길은 저 길보다 두 배 더 넓다.)
This street is half the breadth of that one. (이 길의 폭은 저 길 폭의 절반이다.)

[출제 POINT] 비교급과 최상급의 강조

- 비교급: much, far, by far, even, still, a lot, a little
- 최상급: much the, far, by far, the very

특히 비교급을 수식 강조할 때는 much 등을 사용함에 주의한다.
또한 very, much는 최상급을 수식할 때 어순이 다르다.
the very + 최상급 / much the + 최상급

He is **the very** best player in our team.
= He is **much the** best player in our team.
(그는 우리 팀에서 단연 최고의 선수이다.)

단, very는 비교급을 수식할 수 없다.

[출제 POINT] 원급 관련 표현들

• 일반 원급 표현	as 형용사 as ever ~ 여전히~ as early as~ 일찍이~ as many as~ ~만큼이나 〈같은 수〉	as good as~ ~와 다름없는(=all but) as late as~ ~까지도, 최근 ~에 as ~ as possible(one can) 가능한 ~
• 최상급 원급 표현	as ~ as any 명사~ 어느 ~에도 못지않게 ~한 as ~ as ever + 동사~ 어느 ~에도 못지않게 ~한	
• 부정 원급 표현	not so much A as B A라기보다는 오히려 B이다 not so much as 동사 ~조차 하지 않다	

[출제 POINT] 비교급 관련 표현들

• 일반 비교급 표현	much[still] more 한층 더 ~하다, 하물며 ~은 말할 것도 없다 much[still] less 한층 더 ~하지 않다, 더더욱 ~은 아니다	
• 부정 비교급 표현	no more than 단지(=only) no less than ~만큼이나(=as much as~) 부정 ...any the less (for)~ ~에도 불구하고 여전히 ...하다 긍정 ...none the less (for)~ A is no more B than C is D A가 B가 아닌 것은 C가 D가 아닌 것과 같다	not more than 기껏해야(=at most) not less than 적어도(=at least)

[출제 POINT] 최상급 관련 표현들

• 일반 최상급 표현	do one's best 최선을 다하다 for the most part 대부분		
• 양보적 최상급 표현	at (the) latest 늦어도 at first 처음에는	at least 적어도	at (the) most 많아야 at best 기껏, 아무리 잘 보아도

Simple Check

1. This camera is superior (than / to) that one.

2. He has (three times as many books as / as three times books as) I have.

3. It is (very cheaper / much cheaper) than that.

4. A whale is (no / not) more a fish than a horse is a fish.

Answer 1. to 2. three times as many books as 3. much cheaper 4. no

주어진 괄호 안에 알맞은 것을 고르시오.

1. John is the second (tall / tallest) boy in class.

2. The population of Korea is much (biggest / bigger) than that of the Philippines.

3. She is (older / senior) to me by three years.

4. In tests, their produce was far superior (than / to) the vegetables available at the supermarket.

5. Frank Wright has been acclaimed by colleagues as the (most great / greatest) of all modern scientists.

다음 문장에서 틀린 부분을 찾아 고치시오.

6. Mountain goats are able to endure winter temperatures as much as minus 50° F.

7. She is the youngest of the two.

8. This river is second longer than that one.

9. He is the much best player in our team.

10. She looks very younger than she is.

Fill in the blank with the most appropriate word and phrase.

1. A: May I help you?
    B: No, I'm just looking. Ted, look at this model. I like the color and the design. On top of
       that, it has more functions _____ I have now.
    (a) than
    (b) that
    (c) what
    (d) which

2. A: Could you show me some _____?
    B: Sure. Let me check some other models.
    (a) little less expensive ones
    (b) very little expensive ones
    (c) very little expensive one
    (d) little less expensive one

3. A: Can you explain it to me?
    B: I don't know. I was _____ after the teacher's explanation than before!
    (a) more confused
    (b) more confusing
    (c) less confused
    (d) less confusing

4. A: Mr. Kim, please give me your frank opinion.
    B: Do you really want to know _____ about it ?
    (a) what I think
    (b) how I think
    (c) what do I think
    (d) how do I think

5. A: Don't forget to write a letter to Mr. Green.
    B: _____.
    (a) No, I won't
    (b) No, I don't
    (c) Yes, I will
    (d) Yes, I don't

6. A : What's the matter with your car?

  B : I don't know _____ has happened to it.... All I remember is parking it in front of my house.

  (a) what
  (b) whether
  (c) whatever
  (d) where

7. Two of my friends, _____ myself, were permitted to enter the Gepersonian museum.

  (a) also
  (b) except
  (c) besides
  (d) beside

8. Our new diet drink provides _____ with zero calory.

  (a) a satisfying meal
  (b) a satisfied meal
  (c) the satisfied meal
  (d) the satisfying meal

9. Less common _____ dinosaur foot prints are the impressions that were made by the skin of the giant reptiles.

  (a) those are
  (b) that
  (c) those
  (d) than

10. This building is _____ that one.

  (a) half high as
  (b) more high than
  (c) higher twice than
  (d) twice as high as

11. _____ often considered both a science and an art.
    (a) Navigation is
    (b) Navigating
    (c) It is navigation
    (d) Navigation that is

12. Studying is _____ as any to spend time effectively.
    (a) as good a way
    (b) so good a way
    (c) as a good way
    (d) as a way as good

Identify the grammatical error in the dialogue.

13. (a) A: Would you like to move?
    (b) B: What! Move? What do you mean?
    (c) A: Move to the countryside. Don't you think it should be nice?
    (d) B: Yes, but I'd miss my friends.

14. (a) A: This is really a gorgeous restaurant, should it?
    (b) B: The dinner was great, too. How much should I pay?
    (c) A: Tonight, be my guest. Really, I insist.
    (d) B: Thanks a lot.

Identify the ungrammatical sentence in the passage.

15. (a) Many things, good and bad, can happen to us in our lives. (b) Yet there are days which are usually marked by some kind of special ceremonies : the day we are born, the day we get married, and the day we die. (c) All human beings are affected by these events, and all societies share common characteristics. (d) The only difference among societies is the way these events celebrated.

PART V
기타 구문

Chapter 18 문장의 어순

[1] 영어 시험에서 전반적으로 물어보는 문법은 주로 어순보다는 '빈칸에 무엇이 들어갈까?'의 문제이다.
The man 다음에는 are가 아니라 is가 들어가야 한다는 기본적인 일치 문제에서 보듯이 영어시험 전반에서는 이것이냐 저것이냐
의 선택의 문제가 주류를 이룬다.

[2] 상대적으로 어순을 물어보는 문제가 많이 나온다.
특히 어순이 문제가 되는 것은 위치가 이동할 가능성이 높은 품사들이다. 그 대표적인 것이 부사이다. 따라서 부사의 위치 문제는
가장 빈번하게 출제되는 영역이다.

부사는 원래 형용사 앞에 오는 것이 가장 일반적이지만 형용사의 뒤에 올 수도 있고, 동사 등을 수식할 때는 나름대로 규칙에 의해
서 옮겨진다.
예를 들어서 빈도부사는 반드시 조동사와 본동사 사이에 와야 한다.

[3] 복합 어순 문제에 유념한다.
하나의 문법사항만을 물어보는 것이 아니라 여러 개의 문법사항을 같이 어울려서 물어보는 복합 어순의 문제는 특별히 조심한다.

[4] 어순이 문제가 되는 경우
- 기본적인 문장의 어순: '주어 + 동사 + 목적어'
- 주어와 동사의 도치
- 부사가 들어가야 할 적당한 위치 정도가 TEPS의 주요 출제 사항이다.

[5] 어순의 기본: 주어+동사+목적어
영어의 기본 문장 구조는 '주어+동사+목적어'이다. 따라서 빈칸 문제가 주류인 시험에서는 일단은 주어와 동사와 목적어를 찾아
내야 한다.

[6] 후치 어순

주어와 동사가 거꾸로 된 것은 아니지만, 주어가 동사의 뒤에 어쩔 수 없이 오게 되는 것을 후치라고 한다.

● 진주어 · 가주어 구문 또는 It is that 강조 구문의 후치
● There is 유도부사

[7] 도치 어순

주어와 동사의 어순에서 예외를 이루는 것이 도치이다. 자세한 사항은 나중에 자세하게 다루지만 도치가 일어나는 경우는 주어가 동사 뒤에 옴을 잘 기억해 두어야 한다.

[출제 POINT] 어순의 기본: 주어+동사+목적어

영어의 기본 문장 구조는 주어+동사+목적어이다. 따라서 빈칸 문제가 다수 출제되는 TEPS 시험의 성격상 일단은 주어와 동사와 목적어를 찾아내야 한다.

She washed clothes yesterday.
주어　동사　목적어
(그녀는 어제 옷을 세탁했다.)

I invited two guests to my birthday party.
주어 동사 　목적어
(나는 내 생일에 두 명의 손님을 초대했다.)

[출제 POINT] 후치 어순

주어와 동사가 거꾸로 된 것은 아니지만, 주어가 동사의 뒤에 어쩔 수 없이 오게 되는 것을 후치라고 한다. 다음 예에 특히 주의한다.

● 진주어 가주어 구문 또는 It is that 강조구문의 후치

It is true **that** he is a liar.
(그가 거짓말쟁이라는 것은 사실이다.)

이 문장에서 실제로 주어는 that 이하의 부분이 되기에 주어가 동사의 뒤에 위치하는 후치가 된다.

● There is 유도부사 후치

There was a tiger in there.
(거기에는 호랑이가 한 마리 있었다.)

There will be many other classical, jazz, and pop music performances.
(많은 다른 클래식, 재즈, 그리고 팝 음악 공연이 있을 것이다.)

[출제 POINT] 도치 어순

주어와 동사의 어순에서 예외를 이루는 것이 도치이다. 부정어나 부사가 강조를 위해서 문장의 앞에 오게 되면 주어와 동사의 위치가 도치된다.

Not only was the airport closed but also the neighboring roadways were totally blocked.
(공항이 폐쇄되었을 뿐만 아니라, 또한 주변 도로도 완전히 봉쇄되었다.)

[출제 POINT] 부사의 위치

- 'so + 형용사 + 관사 + 명사' 와 'such + 관사 + 형용사 + 명사'
  두 가지의 차이를 유념한다. 또한 다음 어순도 잘 알아두어야 한다.

> so, too, how + 형용사 + 관사 + 명사
> such, rather, many + 관사 + 형용사 + 명사

He is **so kind a man** that I like him very much.
(그는 너무 친절한 사람이라서 나는 그를 아주 많이 좋아한다.)
It is **too good a chance** to be lost.
(이것은 놓치기에는 너무 좋은 기회이다.)
We had **such a good time** at the party.
(우리는 그 파티에서 정말 즐거운 시간을 보냈다.)

Simple Check

1. The flower (is / being) giving off good fragrance.

2. Not until the sun rose (did he go / he did go) to the South.

3. He (is often referred / often is referred) to as "the father of the atomic bomb."

4. It is (too good a / too a good) chance to be lost.

Answer 1. is 2. did he go 3. is often referred 4. too good a

주어진 괄호 안에 알맞은 것을 고르시오.

1. I don't know where (she comes / comes she) from.

2. (I should / Should I) pass the entrance exam, my parents will be glad.

3. No sooner (had she / she had) come home than it began to rain heavily.

4. Tom lives in a (nice new / new nice) house.

5. Susan has been (since April in Canada / in Canada since April).

다음 문장에서 틀린 부분을 찾아 고치시오.

6. Do you clean every weekend the house?

7. I'm going on Monday to Paris.

8. I like very much my dog.

9. I cleaned the house and cooked also dinner.

10. She fell almost over as she came down the stairs.

Fill in the blank with the most appropriate word and phrase.

1. A: Hi, I'm Hillary's brother, Greg.

B: It's great _____.

(a) to finally meet you

(b) finally to meet you

(c) to meet you finally

(d) to meet finally you.

2. A: We spoke on the phone yesterday. I'm Fred.

B: Now I remember. You _____ on the phone.

(a) sounded differently

(b) sound different

(c) sounded different

(d) sound differently

3. A: She is the new boss who _____.

B: Really? What is her name?

(a) recently got transferred

(b) got transferred recently

(c) had recently transferred

(d) recently had transferred

4. A: I like to go for a walk when I _____. How about you?

B: I listen to pop music.

(a) am bored

(b) am boring

(c) was boring

(d) was bored

5. A: When will he stop by our house?

B: He will visit us _____ a few days.

(a) since

(b) for

(c) at

(d) within

6. A: I didn't enjoy that cake.
   B: Me neither. It was _____ sweet for me.
   (a) too
   (b) so
   (c) enough
   (d) such

7. How do you get _____ too much TV?
   (a) not being watch your child
   (b) your child not being watch
   (c) not to watch your child
   (d) your child not to watch

8. I could not make _____ the reason why I had done such a thing.
   (a) him understand
   (b) him understood
   (c) him to understand
   (d) his understand

9. The world-famous painting has been hanging on the wall _____.
   (a) ever since his son's death
   (b) since his son's death ever
   (c) since ever his son's death
   (d) since his son's ever death

10. The more we are making advancement in science, the more we seem _____ and deny the reality of death.
    (a) fear
    (b) fearly
    (c) fearing
    (d) fearful

11. The baseball fans are leaving the stadium _____ the game is over.
   (a) every time
   (b) however
   (c) without
   (d) now that

12. To speak frankly, our products are inferior _____ in quality.
   (a) than others
   (b) than other
   (c) to others
   (d) to other

Identify the grammatical error in the dialogue.

13. (a) A: Hello. What can I do for you?
   (b) B: I was wondering if we could meet earlier than we planned, maybe on the 27th.
   (c) A: Oh, I will be away until the 29th.
   (d) B: But I really need seeing you before that.

14. (a) A: Let's go to that Italian restaurant I was telling you about.
   (b) B: Sounds great. Would we take my car?
   (c) A: We could, but it might be hard to find parking.
   (d) B: In that case, let's just get a taxi.

Identify the ungrammatical sentence in the passage.

15. (a) Weed seeds cannot pass through the goat's body. (b) So they cannot grow into new weeds. (c) Farmers don't like using chemicals to control weeds because so poisons can kill wild animals or even pets, like dogs. (d) A company in Montana even rents out goats to eat weeds.

Chapter 19 생략, 도치

STEP 1 Basic Grammar

[1] 생략

생략이란 비슷한 요소가 반복될 때에 일어나는 문법적 현상이다. 즉 주어나 목적어가 같이 나온다면 굳이 두 번 써주지 않는다는 영어적 사고가 반영된 것을 말한다.

● 같은 의미의 어구가 반복될 때에 생략된다.

The building of Tom is taller than **that** of mine.
(Tom의 건물은 내 건물보다 크다.)

building이라는 어구 자체가 반복되기에 굳이 두 번 쓰지 않는다.

● 생략해도 의미상 바로 파악이 될 때에는 생략된다.

I suggested **(that)** we should go out for a while.
(잠시 동안 밖에 나가자.)

● 관계사의 생략

다음의 경우에 관계대명사의 생략이 일어난다.

● 목적격 관계대명사	It is the worst song **(that)** he has sung.
● 주격관계대명사 + be동사(분사가 나올 경우)	I saw a man **(who was)** running.
● there be, here be로 시작하는 문장	Here is the book **(which)** you lent me.
● 의문사 + be로 시작하는 문장	Who was it **(that)** said so?
● 관계대명사가 be동사의 보어로 쓰인 문장	He is not the man **(whom)** I want to see.

This is the treasure the university has looked for.
(이것은 그 대학이 찾던 보물이다.)

◎ the treasure와 the university 사이에 which가 생략된 것이다.

● 가정법에서 if의 생략 그리고 도치

가정법에서 if가 생략되면 '동사 + 주어'의 어순이 도치된다.

If you were with me, I would be happy.
= **Were you** with me, I would be happy.
(만일 당신이 함께 있다면, 나는 행복할 텐데.)

● 조동사 should의 생략

'It is + 이성적, 감성적 판단 형용사 + that + 주어 + (should) + 동사' 또는 명사절(that)에서, '주장·요구·명령·제안·의도의 동사 + that절에서, It + 주어 + that + 주어 + (should) + 동사'에서 조동사 should는 생략 가능하다.

TEPS in TEPS 650 문법

형용사	이성적 판단	necessary proper	important rational	natural good	right well	wrong
	감성적 판단	strange regrettable	curious fortunate	odd ashame	surprising	pitiful
동사		advise suggest propose	decide urge determine	demand command	desire ask	insist order	move recommend

It is natural that I **(should)** be proud of my brother.

(내가 내 동생을 자랑스러워하는 것은 당연하다.)

It is necessary that you **(should)** be prepared for this.

(네가 이 일에 마음의 준비를 하고 있는 것은 필요한 것이다.)

He insisted that we **(should)** finish the work by 7 o'clock.

(그는 우리가 그 일을 7시까지 끝내야 한다고 주장했다.)

[2] 도치

도치란 일반적으로 '주어 + 동사' 의 어순이 바뀌는 것을 말한다. 도치는 의문문에서도 자연스럽게 일어나고 특정의 어구(부사구, 부정어구, 보어)가 앞으로 나오면 자연스럽게 도치가 발생한다. 도치가 일어나는 이유는 결국에는 강조를 위해서라고 보면 된다. 즉 '주어+동사' 의 어순이 되는 일반적인 문장과 다른 표시를 두어서 그 부분을 강조하는 것이다.

I had hardly sat down to eat when the telephone rang.
Hardly had I sat down to eat when the telephone rang.

(밥을 먹으려고 앉자마자 전화벨이 울렸다.)

첫 번째 문장에서 hardly를 강조하기 위해 문장의 앞에 놓은 두 번째 문장이 될 때 주어와 동사의 위치가 도치되었다.

[출제 POINT] 생략

다음과 같은 경우의 생략이 자주 출제가 된다.

- 같은 의미의 어구가 반복이 될 때
- 생략해도 의미상 바로 파악이 될 때
- 관계사의 생략
- 접속사의 생략 그리고 도치(특히 가정법)
- 조동사 should의 생략

Since her blood pressure is much higher than it should **be**, her doctor insists that she should not smoke.

Since her blood pressure is much higher than it should **be high**, her doctor insists that she should not smoke.

(그녀의 혈압이 정상치보다 훨씬 높아서, 의사는 담배를 피워서는 안 된다고 주장했다.)

◎ high라는 형용사가 두 번 중복되기에 뒷부분에서 생략되었다.

If Robert had known the facts, he would have invested his money more.

= **Had Robert known** the facts, he would have invested his money more.

(Robert가 그 사실을 알았더라면, 그는 더 많을 돈을 투자했을 것이다.)

◎ If가 생략되어서 주어 동사가 도치되었다.

[출제 POINT] 의문문 도치

의문문에서는 주어와 동사가 도치된다.

Do you know that he is a liar?

(그가 거짓말쟁이라는 사실을 아니?)

하지만 간접의문문의 어순은 그대로 '주어+동사' 순이다.

I don't know whether **he is** a liar.

(나는 그가 거짓말쟁이인지 아닌지 모른다.)

[출제 POINT] 특정의 어구가 문장 앞에 나와서 도치가 일어나는 경우

다음의 어구들이 문장 앞에 나오면 도치가 일어난다.

- 부정어구가 문장 앞에 나온 경우

  Seldom is he in a bad mood.

  (그는 기분이 전혀 나쁘지 않다.)

- 부사구가 문장 앞에 나온 경우

  On the hill stands a great building.

  (언덕 위에 한 거대한 빌딩이 서 있다.)

- 보어가 문장 앞에 나온 경우

  So widespread was that information that anybody knew it.

  (그 정보가 널리 퍼져 있어서 누구나 그것을 알았다.)

[출제 POINT] 가정법에서 if가 생략될 때의 도치

if가 생략되면 '주어 + 동사'가 도치되어 '동사 + 주어'의 어순이 된다.

If you were with me, I would be happy.

= **Were you** with me, I would be happy.

(만일 당신이 함께 있다면, 나는 행복할 텐데.)

Simple Check

1. Not until the dawn began to appear (did he fall / he did fall) into sleep.

2. (There should / Should there) be another war, Korea would be in serious danger.

3. I didn't know what (it was / was it) to be poor.

4. (If he hadn't spent / Did he not spent) all his money on stocks, the businessman would not have been broken.

Answer 1. did he fall 2. Should there 3. it was 4. If he hadn't spent

주어진 괄호 안에 알맞은 것을 고르시오.

1. Not until an infant hedgehog opens its eyes (does it leave / it leaves) its nest to follow its mother about.

2. (Were / are) you with me, I would be happy.

3. The bus company started offering reduced fares to older people last year, and so (did / doing) one of the taxi companies.

4. I would have sent you some flowers, (had / did) I known your address.

5. Poor (as / that) he is, he is the last man to do such a thing.

다음 문장에서 틀린 부분을 찾아 고치시오.

6. I don't know what did he mean.

7. Tour guides should always inform people about where are they going.

8. Do I known about the traffic jam in the area, I would have taken an alternative route.

9. Had never Jenny kept a promise.

10. I haven't read your book, and so have my students.

Fill in the blank with the most appropriate word and phrase.

1. A: What is needed for that position?
    B: The company will employ the man _____ they say is a fluent speaker of English.
    (a) who
    (b) whom
    (c) which
    (d) whomever

2. A: Do you need a pencil or a pen?
    B: _____, thank you.
    (a) Either does well
    (b) Either one will do
    (c) Each one is good
    (d) Each will be fine

3. A: I didn't complete the report yet.
    B: Oh, but you _____ finished it.
    (a) must have
    (b) might be
    (c) must be
    (d) should have

4. A: Is Dharma an American?
    B: Yes, she _____ an American.
    (a) must be
    (b) might as well
    (c) rather than
    (d) had better

5. A: How much _____?
    B: 15 dollars.
    (a) cost these marbles
    (b) marbles cost
    (c) does marbles cost
    (d) do marbles cost

6. A: Did he hear the decision?
   B: Yes, he _____ the decision.
   (a) are delighted with
   (b) was delighted by
   (c) was delighted
   (d) had been delighted with

7. A: Did you see him?
   B: I saw him and I cannot help _____ at his red tie.
   (a) to laugh
   (b) laughing
   (c) being laugh
   (d) to be laugh

8. _____ that was holding my hand that I had cried out loud the roar of agony as the
   pain accelerated.
   (a) So great was the force
   (b) That the force was so great
   (c) The great force was
   (d) How great was the force

9. Hardly _____ home, when the hurricane caught us.
   (a) we had left
   (b) had we left
   (c) we left
   (d) had left we

10. Not until three years later, _____ come to light.
    (a) did the whole truth
    (b) the whole truth did
    (c) the whole truth
    (d) whole the truth did

11. No sooner _____ home than it began to rain heavily.
    (a) had he got
    (b) he had got
    (c) had got he
    (d) that he had got

12. I have no idea _____.
    (a) what does mean this word
    (b) what does this word mean
    (c) what this word means
    (d) what the meaning of this word

Identify the grammatical error in the dialogue.

13. (a) A: John, are you free right now? Could you go to the supermarket for me? I need some
        eggs, lettuce and tomatoes.
    (b) B: All right. I was going to go out anyway.
    (c) A: Are you going to take the car?
    (d) B: I don't think so. I need something exercise.

14. (a) A: What's a matter?
    (b) B: I think I deleted that document we were working on.
    (c) A: Relax, I made a copy of it earlier today.
    (d) B: What a relief! But I will need to be a lot more careful from now on.

Identify the ungrammatical sentence in the passage.

15. (a) The southern half of Florida's peninsula was under a hurricane warning on Sunday. (b) Although still far from the state, Wilma's outer cloud of rain had already caused street flooding in South Florida. (c) Meteorologists said the heart of the storm be expected to roar across the state on Monday. (d) The time for preparation is rapidly moving into time of action as people are evacuating.

Final Test

Final Test 1

Part I (1~20) **Choose the best answer for the blank.**

1. A: I didn't like the movie Vanila Sky.
    B: Me neither. It was _____ complicated for me to understand.
    (a) too
    (b) so
    (c) enough
    (d) such

2. A: How long has it been raining?
    B: It's been raining _____ one o'clock.
    (a) until
    (b) for
    (c) at
    (d) since

3. A: When did he come here?
    B: He came here _____ my absence.
    (a) about
    (b) since
    (c) during
    (d) within

4. A: What time will you call me tonight?
    B: I'll call you when I _____ home from work.
    (a) will get
    (b) will be got
    (c) get
    (d) am got

5. A: When did Joe and Carol first meet?
    B: They first met when they _____ college.
    (a) were in
    (b) are in
    (c) had been at
    (d) have been at

6. A: What did he say?

B: He said that evil is real and _____.

(a) must opposed

(b) must be opposed

(c) must to be opposed

(d) must be oppose

7. A: Are you going to vote for him?

B: That's _____.

(a) a private matter

(b) the private matter

(c) private matter

(d) private matters

8. A: What's the matter with it?

B: There's _____ in my soup.

(a) the hair

(b) a hair

(c) hairs

(d) hair

9. A: Can you come on Monday evening?

B: Sorry, I'd love to, but I _____.

(a) am playing tennis

(b) am playing the tennis

(c) play tennis

(d) play a tennis

10. A: I have to move back in with my parents. I can't afford to pay a rent.

B: Oh. Poor boy. You would hate _____.

(a) that

(b) it

(c) them

(d) those

11. A: I think I left my lighter in your house. Have you seen _____?

    B: No, but I'll look.

    (a) them

    (b) it

    (c) one

    (d) those

12. A: Do you have any money?

    B: Yes, a little. Do you want to borrow _____?

    (a) any

    (b) some

    (c) more

    (d) these

13. A: What is your favorite thing here?

    B: I enjoy fresh air, sunshine, and _____ long walks.

    (a) to take

    (b) being taken

    (c) to be taken

    (d) taking

14. A: Do you know why she is frequently late for the meeting?

    B: She is not accustomed _____ up early.

    (a) to getting

    (b) to get

    (c) to be got

    (d) getting

15. A: This time, your work is perfect!

    B: I tried _____ the same mistake again.

    (a) hardly not to make

    (b) hard not to make

    (c) hard not making

    (d) hardly not making

16. A: I'm almost finished.

B: How did you _____ so fast?

(a) manage to finish

(b) manage finishing

(c) finish to manage

(d) manage to be finished

17. A: Why don't we help Kimberly?

B: I agree _____ her math.

(a) helping her with

(b) helping her for

(c) to help her for

(d) to help her with

18. A: Hi, I'm Van Lew.

B: Oh, I _____ about you.

(a) have heard a lot

(b) have heard many

(c) have a lot heard

(d) have many heard

19. A: I _____ for last night.

B: Oh, no. You don't have to apologize.

(a) just wanted to apologize

(b) wanted just to apologize

(c) just have to apologize

(d) have just to apologize

20. A: I don't like to watch the evening news.

B: I agree. It's _____.

(a) too depressing

(b) too depressed

(c) many depressing

(d) many depressed

Part II (21~40) Choose the best answer for the blank.

21. He has to either go to school, _____ go to church.
(a) or
(b) but
(c) and
(d) though

22. He refused _____ the commission with the documents.
(a) complying
(b) to comply
(c) to provide
(d) providing

23. Without any previous knowledge of environmental law, Mr. Matthews _____ answer a technical question like yours.
(a) can hardly expect
(b) can hardly be expected to
(c) cannot hardly expect
(d) cannot hardly be expected to

24. There are some reports which indicate that living near a nuclear plant _____ living near a chemical plant or an oil refinery.
(a) is no more dangerous than
(b) as same as
(c) is similar as
(d) is as danger as

25. All physicists believe _____ that maintains the earth and the planets in their orbits around the sun.
(a) that gravity is the force
(b) what gravity is the force
(c) that the gravity is the force
(d) what the gravity is the force

26. _____ was she at convincing her colleagues that the committee approved her proposal unanimously.
(a) So success
(b) So successful
(c) Success itself
(d) Such success

27. The unskilled farmer can never succeed largely, _____.
(a) no matter how hard he works
(b) however he works hard
(c) how hard he works
(d) how he works hard

28. The unit of measurement known as a 'foot' _____ on the average size of the human foot.
(a) has been originally based
(b) had originally based
(c) have been originally based
(d) has originally been based

29. Susan and I can go to the lecture, _____.
(a) but neither can Charles
(b) and so Charles can
(c) but Charles can't
(d) and Charles also can't

30. Hardly _____ when it began to rain heavily.
(a) I had started
(b) had started I
(c) had I started
(d) had been I started

31. _____ I grew up that I knew the blessing of health.
    (a) Hardly had
    (b) No sooner had
    (c) Not until had
    (d) It was not until

32. _____ been made than this.
    (a) Never has a more exciting movie
    (b) Never a movie more exciting has
    (c) A movie never more exciting has
    (d) A movie has never more exciting

33. He had _____.
    (a) his watch repair
    (b) his watch repairing
    (c) his watch repaired
    (d) had repaired his watch

34. In people who are afraid to let _____ forth their painful emotions, doctors find the suppressed tears can trigger such ailments as asthma and many others.
    (a) themselves pour
    (b) them poured
    (c) themselves poured
    (d) them being poured

35. We would rather keep the secret to ourselves, _____ ?
    (a) will we
    (b) won't we
    (c) wouldn't we
    (d) would we

36. The contract that company officials are expected to sign _____ a five year agreement that is about to expire.

(a) replacing

(b) replace

(c) replaces

(d) will be replace

37. Psychologists believe that incentives make us _____ our productivity.

(a) wanted to increase

(b) wanting to increase

(c) want to increase

(d) to want to increase

38. I heard Placido Domingo _____ a song at the concert last night.

(a) sing

(b) to sing

(c) sung

(d) sang

39. All _____ is a continuous supply of food and water.

(a) what is needed

(b) which is needed

(c) the things needed

(d) that is needed

40. Anyone _____ for the exam should be aware of the following concepts.

(a) prepared

(b) preparing

(c) prepare

(d) are prepared

Part III(41~45) Identify the option that contains an awkward expression or an error in grammar.

41. (a) A: Do you know Dr. Greg?

(b) B: Yes, we know him very well.

(c) A: I've heard he's the excellent surgeon.

(d) B: He's very kind.

42. (a) A: We are going to see the show. Your dad wants to go either. What time does your dad's plane arrive?

(b) B: Five o'clock.

(c) A: All right, the show will begin at 5:30.

(d) B: That sounds great.

43. (a) A: How did you make out at registration?

(b) B: Quite well. I got into every course I wanted. But one thing confused me.

(c) A: What was that?

(d) B: They said I was in the class of 97. I don't understand which that means.

44. (a) A: Are you feeling any better?

(b) B: I felt better for a while, but now the pain is back again.

(c) A: I'm sorry. Let me get you some more pills.

(d) B: Thank you, but it's not a really necessary.

45. (a) A: Did you hear? I've been offered a position in Lyons.

(b) B: I didn't. Congratulations.

(c) A: But I don't know if I should take it. It means uprooting my family and moved to the other side of the country.

(d) B: You need some advice. Why don't you ask a friend? Pierr, for example.

46. (a) Imagine a typical tourist who goes to another country on a group tour. (b) He probably travels at a peak time when the airports are crowded and unpleasant. (c) His charter flight will delayed a few hours. (d) Besides, the only local people he will meet are the over-worked waiters and hotel staff who will be only too happy to perform for the tourist.

47. (a) Humans do not simply soak up knowledge alike sponges. (b) We learn formal skills not by reading a textbook and understanding the abstract principles, but by actually solving problems in those fields. (c) What the textbooks do not teach you is when to apply the knowledge. (d) In fact, that turns out to be the most important part of learning.

48. (a) Keep in mind the importance of balancing reading with outside experiences. (b) Expose your child to as many things, places, and people as possible. Visiting a farm is more educational than looking at a book about a farm, (c) where your child can pat a cow, hear ducks quack, and smell hay. (d) Seeing these things later in books will be exciting and enjoyable though they will have real meaning for him.

49. (a) Some people change their eating patterns to meet the needs of different situations. (b) They have certain ideas about which foods will increase their athletic ability, help them lose weight, or put them in the mood for romance. (c) For example, these people choose fruit and vegetables to give them strength for physical activity. (d) They choose foods rich in fiber, such bread and cereal for breakfast, and salads for lunch to prepare them for business appointments.

50. (a) If scarcity exists, the choices must be made by individuals and societies. (b) This choices involve 'tradeoffs' and necessitate an awareness of the consequences of those tradeoffs. (c) For example, suppose that you have $25 to spend and have narrowed your alternatives to a textbook or a date. (d) Scarcity prohibits the purchase of both and imposes a tradeoff—a book or a date.

Final Test 2

Part I (1~20) Choose the best answer for the blank.

1. A: What is your favorite hobby?
    B: My passion is exercise. Exercise is _____ to me.
    (a) like a religion
    (b) like the religion
    (c) equal a religion
    (d) equal the religion

2. A: _____ our new supervisor?
    B: He's a competent man with zeal. I like him.
    (a) What do you think about
    (b) How would you like
    (c) How do you think about
    (d) How do you think

3. A: If Christina wants to learn paragliding, she has to be very healthy.
    B: I don't think so. _____ can do it, even her.
    (a) Nobody
    (b) Anybody
    (c) Somebody
    (d) Whoever

4. A: Is this product _____ for children?
    B: Dr. Good is an absolutely safe product.
    (a) too safe
    (b) so safe
    (c) enough safe
    (d) safe enough

5. A: Bill wasn't happy about the delay.
    B: And _____.
    (a) I was neither
    (b) I wasn't neither
    (c) either was I
    (d) neither was I

6. A: How long have you worked for Mr. Burke?
   B: _____ more than 2 years.
   (a) From
   (b) At
   (c) For
   (d) Since

7. A: How's the 30th foundation party going?
   B: Up to the present, it's good. Every employee _____ to be having a fun.
   (a) have been looking
   (b) looked
   (c) look
   (d) looks

8. A: I can't believe that James won the prize.
   B: He is not much smart, but he is _____ employee.
   (a) such diligent an
   (b) so diligent an
   (c) so diligent
   (d) a so diligent

9. A: Don't open your door to a stranger, _____ he says he is from the police.
   B: OK, mommy. I'll do it.
   (a) even if
   (b) nevertheless
   (c) provided
   (d) by the time

10. A: What is the purpose of this section in the exhibition?
    B: The section of the exhibition will be devoted to the 17th century study of the Romanesque, _____ works by Theodore.
    (a) which is included
    (b) which are including
    (c) which to include
    (d) which includes

11. A: When will you travel in Europe?

B: I _____ in Europe about this time next month.

(a) will have traveled

(b) am traveling

(c) will being travel

(d) will be traveling

12. A: If you register in advance, you can save thirty dollars.

B: I guess I _____ sign up now, then.

(a) had better

(b) ought

(c) would better

(d) would rather

13. A: What is wrong with Allen?

B: No problem. He just _____.

(a) returned home sick

(b) returned home sickly

(c) returned to be sick home

(d) returned sick home

14. A: When will you _____ the test result?

B: Not until Monday, so I'll be on the needles and pins all weekend.

(a) be informed of

(b) informed of

(c) be informed

(d) informed

15. A: This documentary proved that there is no life on Mars.

B: But a great many people _____.

(a) still believe there is

(b) believe still is there

(c) there believe still is

(d) believe there is still

16. A: What do you do when you have a free time ?

B: I enjoy _____ American TV dramas.

(a) watching

(b) to watch

(c) watched

(d) watch

17. A: My history class is too hard for me at this semester.

B: I advised you to change the class. You _____ to me.

(a) could listen

(b) would listen

(c) must have listened

(d) should have listened

18. A: Crane is well-behaved these days.

B: After he was reprimanded, Crane treated _____.

(a) peoples very differently

(b) people very differently

(c) people very difference

(d) peoples very differed

19. A: What did the researchers say about the result?

B: The researchers said the conclusion could _____ in two different ways.

(a) explain

(b) to be explained

(c) be explained

(d) explained

20. A: Did professor Rice say about our team report at the morning class?

B: No, she remained _____ on the paper.

(a) silence

(b) silently

(c) silenced

(d) silent

Part II (21~40) Choose the best answer for the blank.

21. The regulation _____ that everyone who holds a nonimmigrant visa report address to the government in March of each year.
    (a) requires
    (b) require
    (c) is required
    (d) are required

22. We _____ the work by the second week in July.
    (a) will have finished
    (b) will be finished
    (c) have finished
    (d) are finished

23. Will you _____ the post office when you go out?
    (a) be passing
    (b) being passed
    (c) have passed
    (d) be passed

24. Commercial banks make most of their income from interest _____ on loans and investments in stocks and bonds.
    (a) earned
    (b) earn
    (c) to earn
    (d) earning

25. _____ Charles never lived abroad, English literature would still have turned toward an ideal of simplicity and elegance.
    (a) Had
    (b) If
    (c) Though
    (d) Still

26. The newspaper's service department has been committed _____ great service
to its subscribers for the past two years.
(a) to provide
(b) to providing
(c) to provided
(d) of providing

27. The International Committee of the Red Cross is supposed _____ a team to the
detention center later this week to appreciate the situation.
(a) to send
(b) to sending
(c) sending
(d) to have sending

28. Mr. Washington suggested _____ the new construction project with more
detailed drawings.
(a) illustrating
(b) to illustrate
(c) having illustrating
(d) of illustrating

29. Because it _____ in plain English, Harry porter is good for children.
(a) was written
(b) was writing
(c) was to write
(d) had been written

30. Apples are sold _____.
(a) by a pound
(b) by the pound
(c) of pound
(d) of a pound

31. Three of the boys were late, but _____ were in time for the meeting.
(a) others
(b) another
(c) the other
(d) the others

32. _____ other firms, we do not create several generations of physical models before building the final one.
(a) Unlike many
(b) Unlike the many
(c) we are unlike many
(d) The many unlike

33. The International Committee turned over two freed South Korean hostages to Korean _____.
(a) regarding authority
(b) authorities concerned
(c) concerning authorities
(d) regarding authorities

34. Not _____ purchasers showed an interest in that apartment.
(a) much
(b) little
(c) a few
(d) a little

35. The poor _____ no money to look after their children.
(a) often has
(b) often have
(c) rarely have
(d) rarely has

36. _____ noisy in the library but he also knocked off the books on the shelves.

    (a) He was

    (b) Not only was he

    (c) Neither was he

    (d) Not only he was

37. Jack has known Sera _____ she was a child.

    (a) since

    (b) during

    (c) for

    (d) because

38. He is _____ Einstein is.

    (a) almost as smart as

    (b) almost smart as

    (c) as almost smart as

    (d) as smart as almost

39. It is polite not to speak at the dinner table until you are _____.

    (a) spoken to

    (b) of speaking

    (c) speaking

    (d) in speaking

40. Many species are indicators of environmental quality. When a species _____, it usually means that something is wrong with a resource.

    (a) are endangering

    (b) are endangered

    (c) is endangered

    (d) is endangering

Part III(41~45) Identify the option that contains an awkward expression or an error in grammar.

41. (a) A: My Internet service is so slow. Could you recommend an Internet provider?

(b) B: You should contact Faster's Inc. Their technical support is really good in the industry.

(c) A: Thank you for a suggestion.

(d) B: When you call, don't forget to mention my name. They'll give you a new contract discount.

42. (a) A: I'm sorry. Could we stop for a while? I'm just not getting it right.

(b) B: What's the matter?

(c) A: I don't know. My throat's sore, and I can't hit those high notes.

(d) B: Maybe you need something to drink. We've been practiced for over an hour.

43. (a) A: Good morning. Where is the Michael's office?

(b) B: He is now out of town. Anyway, he should be back this afternoon.

(c) A: Could you tell him that I return in a couple of hour?

(d) B: I see.

44. (a) A: Hello, I would like to get the number for the Hilton hotel in Paris.

(b) B: What location do you prefer? I have listings for 3 hotels in the city.

(c) A: I prefer the downtown location.

(d) B: Sure. The number is 345-7893.

45. (a) A: Anabel, I just finished making these egg tarts.

(b) B: Thanks for your help. It's really helpful.

(c) A: It's my pleasure too.

(d) B: That will be a great desert as the guests is arriving.

46. (a) Man is the creature of interest and ambition. (b) His nature leads him forth into the struggle and bustle of the world. (c) Love is but the embellishment of his early life, or a song piping in the intervals of the acts. (d) He seeks for fame, for fortune, for space in the world's thought, and dominion over his fellowmen.

47. (a) The first motorcycle-type vehicle was invented in 1885 by a German engineer named Gottlieb Daimer. (b) Daimler fastened an engine to a wooden bicycle and connecting a belt from the engine to a gear on the rear wheel. (c) It was not until 1901, however, that the first real motorcycle called the Thomas, was manufactured. (d) Since then its popularity has grown enormously.

48. (a) The timber wolf occupies an important position in the food chain. (b) Like any other large carnivore, it plays a major role in keeping populations of smaller animals in balance. (c) Their diet includes many rodents. (d) Even as a deer killer, it is more helpfully selective than its rival predator, man.

49. (a) Today let me tell you about an experience I had on the bus. (b) The bus was full and I was standing near the door. (c) As people got on, they stepped on each other's feet and pushed one another in the back. (d) I realized what the riders didn't like it, but they understood that's the way it is.

50. (a) An ecosystem, such as a tropical rain forest, does not suddenly appear overnight. (b) It develops over decades or centuries. (c) Ecosystems mature, just as people do, from infants to adults. (d) An open field will eventually turn into a forest, but first it must go through several stages, similarly to a human's developmental stages.

Answers

정답 및 해설

Part I
영어문장의 구성

Chapter 01 문장의 형식

STEP 3 BASIC PRACTICE

1.
해석_ 그들은 성공적인 사업가와 컨설턴트가 되었다.
해설_ 2형식 문장으로 **become** 다음에는 형용사나 명사가 보어로 와야 한다.
정답_ **successful**

2.
해석_ 몇몇 전문가들은 경제가 불경기로 향하고 있다고 말한다.
해설_ 뒤에 목적어를 동반하는 문장이므로 3형식으로 쓰일 수 있는 동사가 와야 한다.
정답_ **say**

3.
해석_ 우리는 그녀가 차에 치이는 것을 보았다.
해설_ 지각동사 **see**는 목적보어로 **to**부정사를 취할 수 없다.
어휘_ **be run over** ~에 치이다
정답_ **be run**

4.
해석_ 나는 배관공에게 새는 곳을 수리하도록 시켰다.
해설_ **have**동사가 목적보어로 동사원형을 취하면 '(목적어로 하여금) ~하도록 만들다'의 의미가 된다.
어휘_ **leak** 새는 곳
정답_ **repair**

5.
해석_ 나는 그녀가 방문하도록 설득했다.
해설_ **persuade**는 목적보어로 **to**부정사를 취한다.
어휘_ **persuade** 설득하다
정답_ **to come**

6.
해석_ 공장의 상황이 아주 심각해 보여서 파업이 언제라도 일어날 것처럼 보였다.
해설_ **so**의 수식을 받으며 **look**의 보어로 형용사를 써주어야 한다.
어휘_ **strike** 파업 **break out** 발생하다
정답_ **seriously → serious**

7.
해석_ 가정환경은 어린 아이가 나중에 어떤 종류의 사람으로 성장할지에 영향을 주는 경향이 있다.
해설_ **influence**(영향을 미치다)는 타동사이다. 따라서 전치사 **upon**이 빠져야 한다.
어휘_ **eventually** 마침내
정답_ **influence upon → influence**

8.
해석_ 그는 치즈를 사는데 마지막 한 푼까지 다 써버렸기 때문에 그 맛이 아무리 써도 다 먹겠다고 다짐했다.
해설_ **taste**는 형용사를 보어로 취한다.
어휘_ **determine** 결심하다 **even if** 비록 ~일지라도
정답_ **bitterly → bitter**

9.
해석_ 내가 차 안에서 남자가 포켓북을 꺼내 읽는 것을 보았을 때 얼마나 놀랐는지를 상상해 봐라.
해설_ **see**는 지각동사이기에 뒤에 동사원형이 와야 한다.
어휘_ **pocket book** 포켓북
정답_ **pulled → pull**

10.
해석_ 아스피린은 특히 당신이 두통이 있을 때 통증과 열을 줄일 수 있다.
해설_ **reduce**의 목적어로는 명사 **pain**이 와야 한다.
정답_ **painful → pain**

STEP 4 ACTUAL TEST

1.
해석_ A: Jenny는 사진을 잘 받아.
　　B: 그래, 그녀는 TV에 나오면 멋있어 보여.
해설_ **look**과 같은 지각동사 다음에는 형용사를 써주며 TV에 나왔을 때를 표현할 때는 전치사 **on**을 사용한다.
어휘_ **photogenic** 사진이 잘 나오는
정답_ **(a)**

2.
해석_ A: 취미가 뭐예요?
　　B: 낚시를 무척 좋아해요.
해설_ **enjoy**는 동명사를 목적어로 취하는 동사이다.
정답_ **(a)**

3.
해석_ A: Jenny와 Greg가 왜 헤어졌는지 알고 있니?
　　B: 그가 그녀를 철저히 배신했다고 들었어.
해설_ 간접적으로 들은 문장을 전하는 것이므로 수동태를 써야 하며, **it**은 가주어로 **that**절의 긴 주어를 대신하여 주어의 위치에 쓰

였다.

어휘_ **break up** 헤어지다

정답_ **(b)**

4.

해석_ A: 요즘 수질오염이 정말 심각해.

　　B: 억제하지 않으면, 수질오염은 가까운 미래에 위험한 수준에 이를 수 있어.

해설_ **Unless water pollution is checked**에서 **water pollution is**가 생략된 분사구문이다.

어휘_ **pollution** 오염　**serious** 심각한　**reach** ~에 이르다

정답_ **(d)**

5.

해석_ A: 그 군인이 당신에게 뭐라고 말했습니까?

　　B: 그 군인은 적에게 항복하느니 차라리 자살하겠다고 단호하게 말했습니다.

해설_ 뒤에 **than**이 나온 것으로 보아 '**would rather + 동사원형**'이 쓰여야 한다.

어휘_ **surrender** 항복하다　**kill oneself** 자살하다

정답_ **(a)**

6.

해석_ A: 무슨 일로 여기에 왔었나요?

　　B: 그냥 인사하러 왔었어요.

해설_ 단순한 과거 시제를 사용한다.

어휘_ **come by** 지나는 길에 들르다

정답_ **(a)**

7.

해석_ 추운 날씨 때문에 그녀는 외출할 수 없었다.

해설_ **prevent A from -ing: A**가 ~하지 못하도록 하다

정답_ **(d)**

8.

해석_ 상처가 감염되지 않도록 주의하십시오.

해설_ **keep A from -ing: A**가 ~하지 못하도록 하다, '감염되어지는 것'이므로 수동의 의미로 쓰여야 한다.

어휘_ **infect** 감염시키다

정답_ **(a)**

9.

해석_ 나쁜 습관 때문에 그는 건강을 잃었다.

해설_ **cost**는 목적어를 두 개 취하는 동사로 두 목적어의 위치에 유의하여 답을 고른다.

정답_ **(b)**

10.

해석_ **Dr. Lee**가 그 환자를 맡은 것은 그가 응급실에 도착하고 겨우 3,4분 지난 후였다.

해설_ **took**보다 이전의 시제를 나타내야 하기 때문에 **had passed**가 되어야 적절하다.

어휘_ **take charge of** ~을 맡다, ~을 담당하다

정답_ **(a)**

11.

해석_ 대략 500명의 학생들이 올해에 졸업할 예정이다.

해설_ **be expected to**는 '~할 예정이다' 라는 의미로 수동태로 사용하여야 하며, 현재를 나타내는 **this year**가 주어져 있으므로 현재 시제를 써야 한다.

정답_ **(d)**

12.

해석_ 그는 오늘 아침에 면도하다가 다친 것 같다.

해설_ 주어와 목적가 같으므로 **himself**(그 자신)가 와야 한다.

어휘_ **shave** 면도하다

정답_ **(c)**

13.

해석_ A: 어젯밤에 전화하지 못해서 미안해.

　　B: 무슨 일 있었어? 또 휴대폰을 잃어버린 거야?

　　A: 깜빡했어. 정말 미안해.

　　B: 다음엔 전화하는 거 잊지 마.

해설_ '전화할 것을 잊다' 는 것이므로 **to**부정사(**to call**)가 와야 한다.

정답_ **(d) calling → to call**

14.

해석_ A: 여기 얼마나 있었어?

　　B: 작년 12월에 왔어.

　　A: 그럼 이달 말이 되면 여기 온 지 3달째구나.

　　B: 맞아.

해설_ 미래의 시점을 제시하고(**by the end of this month**) 있으므로 미래완료 시제(**will have been**)가 적절하다.

정답_ **(c) you have → you will have**

15.

해석_ **(a)** 모든 행동에는 결과가 있다. **(b)** 어떤 행동의 결과 중에는 다른 행동이 있다. **(c)** 그리고 어떤 행동이 옳은지 알려면 그것의 결과가 옳은지를 알 필요가 있다. **(d)** 하지만 우리는 미래를 알 수는 없다.

해설_ **every**는 단수 취급하므로 동사는 단수동사(**has**)로 수 일치시켜야 한다.

정답_ **(a) have → has**

Chapter 02 문장과 접속사

STEP 3 BASIC PRACTICE

1.
해석_ 물체가 물에 뜨느냐는 물체와 물 둘 다의 밀도에 달려 있다.
해설_ '~인지 아닌지' 의 의미의 **whether**가 적절하다.
어휘_ **float** (물 위에) 뜨다 **density** 밀도
정답_ **Whether**

2.
해석_ 그가 천재였지만, 말을 늦게 시작했기 때문에 눈에 띄지 않았다.
해설_ 양보절을 이끌어주는 접속사가 적절하다.
어휘_ **noticeable** 현저한, 주목할 만한
정답_ **Even though**

3.
해석_ 당신이 실수를 하고 있다면, 그것은 당신이 모험을 하고 있다는 뜻이며, 모험을 하지 않으면 당신은 성장할 수 없을 것입니다.
해설_ 문맥의 의미상 '~하지 않는다면' 의 의미가 들어가야 한다.
정답_ **unless**

4.
해석_ 법 체계는 크게 보통법과 시민법으로 나눌 수 있다.
해설_ 상관접속사 **either A or B**는 'A 또는 B' 를 의미한다.
어휘_ **common law** 보통법 **civil law** 시민법
정답_ **either**

5.
해석_ 우리의 인생이 짧은 것이 아니라, 우리가 그렇게 만드는 것이다.
해설_ 'A가 아니라 B이다' 의 의미로 쓰이는 것은 'not A but B' 이다.
정답_ **but**

6.
해석_ 그는 학교에 가지 않고 집에 머물렀다.
해설_ 등위접속사 **and**로 연결되고 있으므로 앞과 시제를 일치시켜서 동등 구조를 가져야 한다.
정답_ **stay → stayed**

7.
해석_ 우리는 이 음식을 먹어서는 안 된다. 그 생선이 상한 것 같기 때문이다.
해설_ 종속절의 내용이 이유을 나타내므로 **though**는 적당하지 않다.
어휘_ **go bad** 맛이 상하다

정답_ **though → for**

8.
해석_ 사람들이 뭐라 말하든 간에, 그것은 사실이다.
해설_ '그럼에도 불구하고' 라는 의미로 쓰이는 접속사는 **nevertheless**이다.
정답_ **though → nevertheless**

9.
해석_ 우리는 이제 지구의 미래를 지키기 위해서 힘써야 한다. 그렇지 않으면 너무 늦을 것이다.
해설_ '그렇지 않으면' 의 의미로 쓰이는 접속사는 **or**이다.
정답_ **but → or**

10.
해석_ 그가 너무 자주 늦게 출근해서 사장이 그를 해고했다.
해설_ 종속절과 주절은 원인과 결과이므로 **since**가 적당하다.
어휘_ **fire** 해고하다
정답_ **Even if → Since**

STEP 4 ACTUAL TEST

1.
해석_ A: 그 레스토랑에서 크리스마스 이브에 저녁식사를 하는 것은 돈이 많이 들어.
　　 B: 아무리 비싸도, 나는 내 약혼자와 함께 먹을 거야.
해설_ **cost**의 목적어가 들어가야 하는 자리로 '무엇' 의 의미를 갖는 의문대명사 **what**이 가장 적합하다.
어휘_ **fiancee** (여)약혼자
정답_ **(c)**

2.
해석_ A: 파티에 참석하는 문제에 대해서 결정했어?
　　 B: 나 여전히 갈 건지 안 갈 건지 고민 중이야.
해설_ **whether**는 '~인지 아닌지' 를 의미하며 선택적인 내용과 함께 쓰인다.
어휘_ **make up one's mind** 결정하다
정답_ **(c)**

3.
해석_ A: 일기예보에 따르면, 내일 날씨는 오늘보다 더 추워질 거래.
　　 B: 밤사이에 온도가 영하로 떨어질 경우를 대비해서 난방 기구를 틀어놓자.
해설_ 문맥상 '~의 경우에 대비하여' 의 의미를 지닌 접속사가 들어가는 것이 가장 적합하다.
어휘_ **forecast** 일기예보 **below** ~이하로 **drop** 떨어지다
정답_ **(d)**

4.

해석_ **A:** 슈퍼마켓에 가자, 갈 거지?
　　B: 그래, 가자.
해설_ **let's**로 시작하는 문장의 부가의문문은 **shall we**를 쓴다.
정답_ **(c)**

5.
해석_ **A:** 너 담배 피우니?
　　B: 아니, 그런데 전에는 피웠었어.
해설_ '전에는 ~했다'는 의미의 과거의 습관을 나타낼 때는 '**used to + 동사원형**'을 써준다.
정답_ **(c)**

6.
해석_ **A: John**은 학교에 다니려면 장학금을 받아야만 해.
　　B: 그것이 그가 학교에 다닐 수 있는 유일한 조건이니?
해설_ 종속절에 있는 전치사 **in**이 관계대명사 앞으로 오기 때문에 **in which**를 써야 한다.
어휘_ **scholarship** 장학금
정답_ **(d)**

7.
해석_ 그녀의 부모들뿐 아니라, **Jane**도 유럽에 갈 것이다.
해설_ '**B as well as A**'에서 동사는 **B**에 일치시켜야 한다.
정답_ **(a)**

8.
해석_ 당신은 1마일을 걷든 달리든 똑같은 양의 에너지를 소모한다. 두 경우 모두 같은 무게를, 같은 거리를 이동시키기 때문이다.
해설_ **whether**는 접속사 **or**와 어울려 사용된다. **whether A or B**의 형태로 '**A**든지 **B**든지'의 형태로 사용된다. 이때 **A**와 **B**는 같은 요소여야 한다.
정답_ **(c)**

9.
해석_ 어떤 이들은 선천적으로 기계적인 감각을 타고 나는 반면에 다른 사람들은 기계에 혐오증을 가지고 있다.
해설_ **aversion to machinery**와 **born natural mechanic**은 반대의 의미이므로 **while**(반면에)이 적당하다.
어휘_ **aversion** 혐오
정답_ **(b)**

10.
해석_ **Mr. Han**은 나를 보자마자 도망쳤다.
해설_ 문맥상 **the moment that**(~하자마자)가 들어가는 것이 가장 자연스럽다.
어휘_ **run off** 도망가다
정답_ **(c)**

11.

해석_ 나는 오늘 아침 누군가에 의해 부서진 창문을 수리했다.
해설_ '고친 것'과 '부서진 것'의 시제를 비교하면 '부서진 것'이 먼저 발생한 사건이므로 과거완료(대과거)를 써야 한다.
정답_ **(b)**

12.
해석_ 그의 행동에 대해 몇 가지 가능한 설명들이 나에게 떠오른다.
해설_ 뒤에 나온 **a few possible explanations**가 주어이므로 복수 동사를 써야 하고 **occur**는 자동사이다.
정답_ **(c)**

13.
해석_ **A:** 유럽의 커피는 내게 너무 진해.
　　B: 온수나 우유를 섞어서 좀 순하게 만드는 건 어때?
　　A: 좋아. 우유 좀 줄래?
　　B: 여기 있어.
해설_ '**why don't ~?**' 의문문의 경우에는 주어, 동사의 위치가 바뀌지 않는다. 따라서 **add you**는 **you add**로 써야 한다.
정답_ **(b) add you → you add**

14.
해석_ **A:** 도와드릴까요?
　　B: 네, 내 강아지의 발에 문제가 생겼어요.
　　A: 어디 봅시다. 어느 쪽인가요?
　　B: 오른쪽 앞발입니다. 2주째 절름거리고 있어요.
해설_ **something**은 뒤에서 수식하므로 **something wrong**이라고 써야 한다.
정답_ **(b) wrong something → something wrong**

15.
해석_ **(a)** 일반적으로 거짓말은 항상 나쁘다고 알려져 있다. **(b)** 하지만 이것은 거의 아무도 철저하게 지키지 못하는 규칙이다. **(c)** 사실 거짓말은 종종 도덕적으로 적절한 행동이 되기도 한다. **(d)** 진실을 말하는 것이 다른 사람에게 해로울 때 거짓말을 하는 것은 도덕적으로는 옳다.
해설_ '(규칙 등에) 따르다'라는 뜻의 **comply**는 **with**와 같이 쓰인다.
정답_ **(b) by → with**

Chapter 03 절

STEP 3 BASIC PRACTICE

1.
해석_ 가장 잘 알려진 화학 물질은 커피, 차 그리고 몇 가지 종류의 탄산음료에서 발견할 수 있는 카페인이다.
해설_ 관계대명사 **that**은 계속적 용법에는 사용할 수 없다.
어휘_ **chemical** 화학 물질
정답_ **which**

2.
해석_ 교사들에게 더 많은 관심을 요구하는 소년들은 대개 중학교 학급의 학생들이다.
해설_ 선행사 **the boys**를 받고 뒤 문장의 주어 역할을 하는 주격 관계대명사가 필요하다.
어휘_ **demand** 요구하다 **attention** 주의
정답_ **who**

3.
해석_ 보이는 것이 전부는 아니다.
해설_ 선행사가 제시되어 있지 않으므로 선행사를 포함하는 **what**이 적절하다.
정답_ **what**

4.
해석_ 그것이 누구의 책임인지는 분명하지 않았다.
해설_ 명사 앞에 나오므로 소유격이 되어야 하기에 **whose**가 적절하다.
어휘_ **responsibility** 책임
정답_ **whose**

5.
해석_ 그들이 야구 경기장으로 갈 때마다 그는 항상 모자 쓰는 것을 기억하지만 그의 형은 때때로 모자 쓰는 것을 잊는다.
해설_ **Whenever**(~할 때마다)가 문맥상 적합하다. ʻremember to~ʼ는 ʻ~할 것을 기억하다ʼ를 뜻하고, ʻremember -ingʼ는 ʻ~했던 것을 기억하다ʼ를 뜻한다.
어휘_ **stadium** 경기장
정답_ **Whenever**

6.
해석_ 당신은 부와 특별한 세계로 당신을 인도하는 욕망에 따라야 한다.
해설_ 선행사가 **desires**이므로 관계대명사 **which**가 와야 한다. **who**는 사람 선행사에 사용되는 관계대명사이다.
어휘_ **desire** 욕망 **exclusiveness** 특별함
정답_ **who → which**

7.
해석_ 번개는 적정한 온도에 있는 수증기의 마찰에 의해 발생한다.
해설_ 번개는 유발되는 것이므로 수동태가 쓰였다. 관계대명사 **that**은 계속적 용법에는 사용할 수 없음에 유의한다.
어휘_ **friction** 마찰 **vapor** 수증기
정답_ **that → which**

8.
해석_ 0이 언제 발견됐는지는 밝혀지지 않았다.
해설_ **since**는 이유를 나타내는 부사절을 이끈다.
정답_ **Since → When**

9.
해석_ 그는 아름다운 여자가 있는 곳이면 어디든지 나타난다.
해설_ 문맥상 장소 부사절이 요구된다. 장소 부사절에는 선행사 **in the place**가 생략된 관계부사 **where**나 복합관계부사인 **wherever**가 올 수 있다. **wherever**는 **in any place where**의 뜻을 지닌다.
정답_ **however → wherever**

10.
해석_ 나는 이번 논쟁에서 승리하고 싶다; 그리고 당신이 내게 무엇을 도와주든지 나는 그것에 고마워할 것이다.
해설_ 복합관계대명사가 들어가야 할 자리로 ʻ무엇이든지 간에ʼ의 의미를 갖는 **whatever**가 적절하다.
어휘_ **appreciate** 감사하다
정답_ **which → whatever**

STEP 4 ACTUAL TEST

1.
해석_ **A:** 마음껏 드십시오.
　　 B: 감사합니다. 맛있네요.
해설_ 복합관계대명사는 선행사와 관계대명사가 합쳐진 형태로 여기서는 목적어 역할을 할 수 있는 복합관계대명사가 필요한 자리이므로 **whatever**가 적절하다.
정답_ **(b)**

2.
해석_ **A:** 이 시가 마음에 드니?
　　 B: 이것은 전에 들은 적이 있지만 의미를 이해할 수 없는 서사시야.
해설_ 소유격 대명사와 접속사의 역할을 하는 자리이므로 소유격 관계대명사가 들어가야 한다.
어휘_ **epic poem** 서사시
정답_ **(a)**

3.

해석_ **A:** 어떤 것이 마음에 드세요?

B: 파란색 정장이 마음에 드는데, 제가 구매하기에는 가격이
좀 비쌉니다.

해설_ 선행사 **blue suit**를 대신하면서 종속절을 이끄는 **which**를
써야 한다. **that**은 계속적 용법에서는 쓸 수 없기 때문에 답이
될 수 없다.

어휘_ **costly** 값이 비싼

정답_ **(a)**

4.

해석_ **A:** 어제 왜 학교에 결석했어?

B: 내가 결석한 건 아팠기 때문이야.

해설_ 명사구를 이끄는 전치사가 들어갈 자리이며 원인을 설명해야
하므로 **because of**가 적합하다.

정답_ **(d)**

5.

해석_ **A:** 뭐가 문제야?

B: 내가 시작하려고 마음먹은 프로젝트와 관련해서 아주 많은
문제가 있어.

해설_ **problem**은 셀 수 있는 명사이기 때문에 **many**를 사용해야
한다.

정답_ **(b)**

6.

해석_ **A:** 이 카메라의 필름을 교환하는 방법을 누가 알려주시겠어
요?

B: 덴버에게 물어보세요. 그가 알려 줄 거예요.

해설_ '**how to** +동사원형'은 '~ 하는 방법'을 의미한다.

정답_ **(a)**

7.

해석_ **Jansen** 교수의 데이터는 우리의 이론에 매우 중요했기 때문
에 그것이 없었다면 우리는 성공할 수 없었을 것이다.

해설_ 문맥상 '**so ~ that**' 구문이 되어야 한다.

어휘_ **crucial** 중요한

정답_ **(a)**

8.

해석_ 그녀는 오래가고 재미있는 교우관계를 만들 것이다.

해설_ 주격 관계대명사이면서 사물 선행사에 사용하는 **which**를 써
준다.

어휘_ **form** 형성하다 **lasting** 지속되는

정답_ **(d)**

9.

해석_ 우리가 필요로 하는 것은 보다 많은 시간이다.

해설_ **the thing which**에 해당하는 **what**이 알맞다.

정답_ **(a)**

10.

해석_ 한국 사람들은 2002년 월드컵을 개최한 것에 긍지를 느낀다.

해설_ 지금 긍지를 가지는 것보다 월드컵이 열린 것이 먼저니까
having hosted이다.

정답_ **(c)**

11.

해석_ 어떤 사람들은 팝 음악을 좋아하고, 다른 몇 명은 클래식 음악
을 좋아하며, 나머지 전부는 어떤 음악도 좋아하지 않는다.

해설_ 넷 이상에서 나머지 전부를 가리키는 표현은 **the others**이
다.

정답_ **(c)**

12.

해석_ 어제 낯선 사람이 내게 말을 걸어왔다.

해설_ 문맥상 수동의 의미이며 '**speak to** + 사람'의 형태로 쓰여
야 한다.

정답_ **(d)**

13.

해석_ **A:** 좋아. 접속 준비 다 됐어.

B: 잊지마, 암호는 문자 둘과 숫자 셋이야.

A: 응.

B: 그리고 문자는 둘 다 대문자로 해야 돼.

해설_ '**both** + 복수명사'이므로 동사도 복수동사를 써야 한다.

정답_ **(d) is → are**

14.

해석_ **A:** 새로운 프로젝트에 누가 적당할까요?

B: 전 **Jack**을 추천합니다.

A: 왜 그렇게 생각해요?

B: 그는 그 일에 필요한 모든 능력을 갖췄어요.

해설_ 대화문에서 서로가 알고 있는 내용이므로 부정관사가 아닌 정
관사가 적합하다.

정답_ **(d) a → the**

15.

해석_ **(a)** 시장 연구자들은, 나이든 사람들은 자신을 실제보다 훨씬
더 젊게 생각한다고 종종 말한다. **(b)** 실제로, 연구는 나이가
몸보다는 마음의 문제라는 일반적인 통념을 확신시켜 준다.
(c) 최근의 한 연구에 따르면, 자각 나이는 실제 나이보다 노인
시장에서 마케팅의 성공을 예측하는 데 더 믿을 수 있는 요소
이다. **(d)** 이러한 이유로, 많은 마케팅 담당자들은 마케팅 홍
보 활동에서 자각 나이에 초점을 맞춘다.

해설_ **what**은 선행사를 포함한 관계대명사로 부적당하며, 명사절
을 이끄는 **that**이 와야 한다.

정답_ **(b) what → that**

Part II
동사구

Chapter 04 동사의 종류와 수 일치

STEP 3 BASIC PRACTICE

1.
해석_ 피고인은 사형선고를 받았다.
해설_ 피고인(The accused)은 선고를 받는 대상이므로 수동태가 쓰여야 하며 단수 취급하므로 **were**가 아니라 **was**이다.
어휘_ **sentence** 선고하다
정답_ **was sentenced**

2.
해석_ 사상자들이 병원으로 옮겨졌다.
해설_ 〈주어〉가 옮겨지는 대상이므로 수동태를 사용해야 하며 주어가 **the+**형용사이므로 복수 취급한다.
정답_ **were sent**

3.
해석_ 당신 혹은 내가 틀렸다.
해설_ '**either A or B**'는 B에 동사를 일치시킨다.
정답_ **am**

4.
해석_ 각 학생은 다른 문제를 가지고 있다.
해설_ **each**는 단수 취급하므로 **has**가 쓰여야 한다.
정답_ **has**

5.
해석_ 그뿐만 아니라 나도 영어 공부에 흥미가 있다.
해설_ **B as well as A**의 경우에는 B에 동사를 일치시킨다.
정답_ **am**

6.
해석_ 모든 사람은 혼자 있을 필요가 있는 때가 있다.
해설_ **need**는 일반동사와 조동사로 모두 쓰일 수 있는데, 뒤에 **to**부정사가 위치한 것을 보아서 일반동사이다. 조동사일 경우에는 수 일치에 영향을 받지 않지만, 일반동사일 경우, 수 일치에 영향을 받는다.
정답_ **need → needs**

7.
해석_ 그 반의 많은 학생들이 영어를 매우 잘한다.

해설_ '**a number of ~**'는 **many**의 개념이므로 동사는 복수형에 알맞은 형태를 써야 한다.
정답_ **speaks → speak**

8.
해석_ 그 반의 학생 수는 30명이다.
해설_ **the number of** 는 '~의 수'를 뜻하므로 단수 취급해야 한다.
정답_ **are → is**

9.
해석_ 10년은 혼자 살기에는 긴 시간이다.
해설_ 기간은 단수 취급한다.
정답_ **are → is**

10.
해석_ Tom도 그의 형제들도 일을 마칠 수 없었다. 그래서 그들은 부모에게 꾸지람을 들었다.
해설_ '**neither A nor B**'에서는 B에 동사를 일치시킨다.
어휘_ **scold** 혼내다
정답_ **was → were**

STEP 4 ACTUAL TEST

1.
해석_ **A**: 그것의 가격이 얼마였는지 여쭈어 봐도 될까요?
　　　B: 네, 물론입니다. 20달러였어요.
해설_ 돈은 단수 취급하므로 **was**를 써준다.
정답_ **(a)**

2.
해석_ **A**: 날 초대해줘서 고마워.
　　　B: 우리 어머니께 너를 소개할게.
해설_ **let**으로 시작되는 문장의 어순을 묻는 문제이다.
정답_ **(a)**

3.
해석_ **A**: 저 컨버터블 꽤 럭셔리한데. 얼마나 하는지 아니?
　　　B: 보기보다 그렇게 비싸지 않다는 얘기를 들었어.
해설_ 종속절 속의 타동사 **cost**의 목적어 구실과 접속사 구실을 동시에 하는 것은 의문대명사인 **what**이다.
정답_ **(d)**

4.
해석_ **A**: 저는 당신이 호의를 베푸는 것에 깊이 감사합니다.
　　　B: 천만에요.
해설_ **appreciate**의 목적어로 사용된 **do me a favor**의 적합한 형태와 어순을 묻는 문제이다.
정답_ **(d)**

5.

해석_ A: 연극 재미있었어?

B: 지난밤 연극에서 주연 배우가 매우 호소력 있는 연기를 했어.

해설_ **performance**를 수식할 수 있는 형용사 역할을 하는 분사는 **convinced**(확신을 가진)보다 현재분사 **convincing**(호소력 있는)이 문맥에 적합하며 **performance**가 가산명사이므로 부정관사 **a**를 써준다.

정답_ (b)

6.

해석_ A: 언제 일을 마무리할 수 있겠어?

B: 1주일 안에 될 거야.

해설_ 전치사 **in**의 쓰임을 아는지 확인하는 문제이다. 'in + 기간'은 '~ 기간 안[후]'라는 의미로 쓰인다.

정답_ (c)

7.

해석_ 우주왕복선 **Columbia**호의 실패는 불량한 엔진 때문이었다.

해설_ 주어가 **failure**로 불가산명사이기 때문에 **was**가 쓰인다. **due to**는 '~ 때문에'를 의미한다.

어휘_ **space shuttle** 우주왕복선

정답_ (b)

8.

해석_ 부모로부터 격려를 받는 아이들은 스스로 자신감을 갖는 경향이 있다.

해설_ 주어가 **Children**이므로 복수로 받는다. **be likely to** + 동사원형은 '~하는 경향이 있다'를 의미한다.

정답_ (c)

9.

해석_ 의사와 간호사가 한 환자를 수술하고 있다.

해설_ 주어가 복수이고 능동의 의미이므로 **are operating**이 적절하다.

어휘_ **operate** 수술하다

정답_ (c)

10.

해석_ 제시간에 작업을 완료하기 위하여 우리는 우리의 어려움을 해결하는데 도움을 줄 전문가를 초빙할 필요가 있다.

해설_ **need**는 **to**부정사를 목적어로 취한다.

정답_ (d)

11.

해석_ **Clarisse**는 한밤중에 강변을 따라 걷는 것을 피한다.

해설_ **avoid**는 동명사를 목적어로 취한다.

정답_ (b)

12.

해석_ 각 제조 공장들은 우리에게 현대 로봇 기술의 예시를 제공한다.

해설_ 뒤에 **of**를 동반할 수 있는 것은 대명사 **each**뿐이다.

정답_ (b)

13.

해석_ A: 실례합니다. 비행 스케줄을 알 수 있습니까?

B: 네, 그렇습니다. 어떤 것을 알고 싶습니까?

A: 부산으로 가는 다음 비행기는 몇 시에 있습니까?

B: 2시입니다.

해설_ 주어 **plane**이 단수이므로 단수 동사(**does**)를 사용한다.

정답_ (c) do → does

14.

해석_ A: 다른 규칙이 있나요?

B: 아뇨. 그게 전부입니다. 다른 선을 그릴 수 없을 때까지 게임을 계속 할 수 있습니다.

A: 마지막 선을 그린 선수가 이기는 겁니까?

B: 바로 그거예요. 규칙을 다 이해했으니 시작합시다.

해설_ **since**는 이유를 나타내는 부사절에 사용한다. 문맥상 '~할 때까지'의 의미를 지닌 접속사 **until**이 적합하다.

정답_ (b) since → until

15.

해석_ **(a)** 중세 스페인에서 대부분의 금화는 아프리카 금광에서 주조되었다. **(b)** 아프리카에서 채광된 금은 순도가 높기로 유명했다. **(c)** 92%의 순금은 정제할 필요 없이 화폐로 주조할 수 있었다. **(d)** 그리고 이 금 자원으로 주조된 진짜 화폐는 그 금 함유량 때문에 인정받을 수 있었다.

해설_ 문맥상 **refine**은 과거분사가 아닌 동명사 형태로 와서 '금을 정제하는 것 없이'의 의미를 나타내야 한다.

정답_ (c) refined → refining

Chapter 05 조동사

1.

해석_ 블랙커피를 크림커피보다 좋아하시나요?

해설_ 정중한 표현을 하는 경우에는 조동사 **would**를 사용한다.

어휘_ **prefer A to B** A를 B보다 더 선호하다

정답_ **would**

2.

해석_ 이건 매우 좋은 영화야. 너도 가서 봐야 해.

해설_ '~해야 한다'의 의미를 가지는 조동사는 **ought to**이다.

정답_ **ought to**

3.

해석_ 도랑에 물이 가득 차 있는 것을 보면 간밤에 비가 내렸음이 틀림없다.

해설_ 'should + have + p.p.(~해야만 했었는데)'와 'must have p.p. (틀림없이 ~했을 것이다)'의 의미 구분을 묻는 문제로, 문장은 '지난밤에 비가 왔음이 틀림없다'는 문맥이므로 조동사 **must**를 써야 한다.

정답_ **must**

4.

해석_ 젊었을 때, 나는 개를 데리고 산책을 나가곤 했다.

해설_ 과거의 규칙적인 습관을 표현할 때는 'used to + 동사원형'을 쓴다.

정답_ **used to take**

5.

해석_ 곧 다시 만날 수 있으면 좋겠다.

해설_ 가능성을 나타내는 **could**가 적합하다.

정답_ **could**

6.

해석_ **Jane**이 임신했다면 술을 마셔서는 안 된다.

해설_ 문맥상 '~해서는 안 된다'는 의미를 나타내야 한다.

정답_ **will not → may not or must not**

7.

해석_ 치아가 뽑혔을 때 몹시 고통스러우셨겠네요.

해설_ '~했음에 틀림없다'는 뜻을 나타내야 하므로 조동사는 **must**를 써야 하고, **must** 뒤에는 동사원형을 써야 하므로 **must have been**이 적절하다.

어휘_ **pull out** 뽑다

정답_ **may has → must have**

8.

해석_ 많은 시민들이 시장이 당장 해임되어야 한다고 촉구했다.

해설_ 제안을 나타내는 동사 **urge**의 경우 **that** 이하에는 '(should)+동사원형' 형태를 쓴다.

정답_ **is → (should) be**

9.

해석_ 그녀는 우리의 대화를 듣지 말았어야 했다. 그것은 사적인 것이었다.

해설_ '(과거에) ~하지 말았어야 했는데 했다'라는 의미에 알맞은 조동사는 **shouldn't**이다.

정답_ **couldn't → shouldn't**

10.

해석_ 휴가에 어디로 갈지 확실하지 않지만, 브라질에 갈지도 모른다.

해설_ '~ 할지도 모른다'는 의미에 적합한 조동사는 **may**이다.

정답_ **must → may**

1.

해석_ **A:** 이 주변에 주유소가 있습니까?

　　　B: 미안하지만 저도 몰라요. 다른 사람에게 물어보시는 게 좋겠어요.

해설_ **had better** + 동사원형: ~하는 것이 낫다

정답_ **(b)**

2.

해석_ **A:** 바닥에서 벽돌을 봤고, 창문이 부서져 있었어.

　　　B: 누군가 창문으로 그 벽돌을 던졌음이 분명해.

해설_ '~했어야 한다'가 아니라 '~임에 틀림없다'라는 뜻이므로 **should**가 아니라 **must**가 쓰여야 한다.

어휘_ **brick** 벽돌

정답_ **(a)**

3.

해석_ **A:** Jenny가 많이 늦네.

　　　B: 버스를 놓쳤는지도 모르지.

해설_ 추측을 나타내는 조동사가 쓰여야 하며 시제는 현재완료 형태가 가장 적절하다.

정답_ **(b)**

4.

해석_ **A:** 뭐가 문제니?

　　　B: 우유 맛이 이상해.

해설_ 주어가 단수이므로 **tastes**가 맞으며, **taste**는 보어로 형용사를 취한다.

어휘_ **taste** ~ 맛이 나다
정답_ (b)

5.
해석_ A: 수진이는 영어를 아주 잘해.
　　 B: 맞아, 영국이나 미국에 가본 적이 없는데도 영어를 잘해.
해설_ '~에도 불구하고'라는 양보를 나타내는 접속사 **though**가 들어가는 것이 문맥상 가장 자연스럽다.
정답_ (b)

6.
해석_ A: 그녀가 너의 선물을 마음에 들어했니?
　　 B: 그녀가 선물을 마음에 들어하는지는 분명하지 않아.
해설_ **Whether (or not)**는 '~인지 아닌지'를 의미하며 선택의 정보를 전해주는 접속사로 명사절을 이끄는 역할을 하므로 빈칸에 가장 적합하다.
어휘_ **present** 선물
정답_ (a)

7.
해석_ 컴퓨터가 이상한 소리를 내는 것으로 보아, 기계에 결함이 있을 것이다.
해설_ 의미상으로 추측을 나타내는 조동사가 와야 적절하다.
어휘_ **weird** 이상한
정답_ (d)

8.
해석_ 당신이 지갑을 잃어버릴 때를 대비하여 전화번호와 이름을 지갑 안에 넣는 것이 좋겠다.
해설_ 의미상 'had better + 동사원형 (~하는 편이 좋겠다)'이 가장 적절하다.
어휘_ **wallet** 지갑　**in case** ~에 대비하여
정답_ (d)

9.
해석_ 그녀는 자기 룸메이트와 내년에 다시 살지 않는 편이 좋겠다고 내게 말했다.
해설_ **would rather**의 부정형은 **would rather not**이다. **would rather**는 '~하는 편이 낫다'를 의미한다.
정답_ (b)

10.
해석_ **Lilly**는 여권이 갱신되면 바로 **LA**로 떠날 것이다.
해설_ 여권은 갱신되어지는 것이기 때문에 수동의 형태로 쓰였다. 의미상으로 '~하자마자'를 의미하는 접속사가 들어가야 한다.
어휘_ **passport** 여권
정답_ (b)

11.
해석_ 정상이 눈에 덮인 저 산을 보라.
해설_ 앞뒤로 문장이 나오고 있으니 관계사가 필요하다. 그리고 빈칸의 '~의 정상'이라는 의미를 완성해야 하므로 관계사 중에서도 소유격 **whose**가 가장 적절하다.
어휘_ **be covered with** ~로 덮이다
정답_ (a)

12.
해석_ 그녀의 부모님도 그녀의 담임선생님도 그녀의 성적을 모르고 있다.
해설_ 'neither A nor B'는 'A도 B도 아닌'을 의미하는 상관접속사이다. 이 경우에 동사는 **B**에 맞추므로 단수 동사를 사용해야 한다.
정답_ (a)

13.
해석_ A: 제 안경을 잃어버렸어요. 누구 갖고온 사람 없나요?
　　 B: 어떻게 생겼는지 알려주실래요?
　　 A: 물론이죠. 렌즈가 사각형이고, 어…… 귀에 걸리는 부분이 둥그렇습니다.
　　 B: 네, 확인해보죠.
해설_ 안경은 복수이므로 대명사는 **them**을 사용한다.
정답_ (b) it → them

14.
해석_ A: 어디서 오셨나요?
　　 B: 미국이요.
　　 A: 어느 쪽이요?
　　 B: 북동부요. 뉴욕시 남쪽의 작은 해안 마을 출신이에요.
해설_ 특정의 대상이 아닌 경우는 부정관사 **a**를 써야 한다.
정답_ (d) the small town → a small town

15.
해석_ (a) Walter 경은 인디언들이 담배 잎을 피우는 것을 보았다. (b) 그는 자기도 똑같이 해봐야겠다고 생각했고 약간의 담배 잎을 영국으로 가지고 갔다. (c) Walter 경이 담배 잎을 말아서 피우는 것을 본 모든 사람들은 이상한 광경이라고 생각했다. (d) 어느 날 그가 의자에 앉아서 담배를 피우고 있을 때 그의 하인이 방으로 들어왔다.
해설_ **thought** 다음에는 목적어인 명사절을 이끄는 **that**이 들어가야 한다.
어휘_ **tobacco** 담배　**puff away** (담배를) 뻐끔뻐끔 피우다
　　　roll 말아서 만든 것
정답_ (c) which → that

Chapter 06 시제

STEP 3 BASIC PRACTICE

1.
해석_ 그는 2차 세계 대전이 1939년에 일어났다고 말했다.
해설_ 역사적인 사실에는 항상 과거형을 쓴다.
정답_ broke

2.
해석_ 회장님은 컨퍼런스에서 고객들이 문의하면 그것에 대해 이야기할 것이다.
해설_ 시간이나 조건의 부사절은 미래의 내용이더라도 현재시제로 표현한다.
정답_ have

3.
해석_ 오늘 오후에 자전거 쓸 거니?
해설_ 미래에 일어날 일을 서술하고 있으므로 미래진행형을 써야 한다.
정답_ be using

4.
해석_ 2003년에 나는 이 아파트에 살았었다.
해설_ 명확한 과거표시 부사구가 있으면 과거시제를 사용한다.
정답_ lived

5.
해석_ 작년 이맘 때에 나는 프랑스에 살았었다.
해설_ 과거의 특정 시점의 상황을 묘사할 때는 과거진행형을 써주어야 한다.
정답_ was living

6.
해석_ Pueblo 인디언들은 전통적으로 아파트와 닮은 석조 또는 진흙 구조물에서 살았다.
해설_ live는 앞의 have와 연결되어 현재완료 형태를 완성해야 한다.
정답_ live → lived

7.
해석_ 나는 열차에서 내리고나서야 비로소 지갑이 도난당한 것을 알았다.
해설_ 시제 문제이다. 지갑을 잃어버린 것을 깨달은 시점이 과거(realized)이기 때문에 지갑이 없어진 것은 그 이전이므로 과거완료 시제로 표현해야 한다.
정답_ was stolen → had been stolen

8.
해석_ 대부분 동물의 노화 현상은 칼로리 섭취를 억제하면 쉽게 완화될 수 있다.
해설_ 일반적인 사실은 현재이므로 limit가 되어야 한다.
정답_ have limited → limit

9.
해석_ 우리가 그 가게들에 도착할 즈음에는, 이미 문이 닫혀 있을 것이다.
해설_ by the time + 주어 + 동사(현재), 주어 + 미래완료시제(will + have + 과거분사)가 적절하다.
정답_ are already → will already have

10.
해석_ 그 화물은 어제 오전 9시에 그녀의 사무실에 배달되었다.
해설_ yesterday가 있으므로 과거시제를 써주어야 하며 화물은 '배달되는 것'이므로 수동태로 쓰여야 한다.
정답_ had delivered → was delivered

STEP 4 ACTUAL TEST

1.
해석_ A: 지난달에 새로 들어온 애들 요즘 열심히 일합니까?
　　　B: 네, 그렇습니다.
해설_ the new boys는 3인칭 복수로 받는다. (d)는 be동사로 물었는데 일반동사(do)로 답했기 때문에 오답이다.
정답_ (b)

2.
해석_ A: 사장은 왜 회의를 연기했습니까?
　　　B: 제가 회의를 연기하자고 제안했거든요.
해설_ '제안, 주장, 충고, 추천, 동의' 동사의 목적어로 that은 '주어 + (should) + 동사원형'의 형태를 취해야 한다.
정답_ (a)

3.
해석_ A: 창업할 자본을 가지고 있습니까?
　　　B: 아니요, 하지만 곧 가지게 될 거예요.
해설_ be going to는 will과 같은 의미가 있다.
어휘_ capital 자본
정답_ (a)

4.
해석_ A: 왜 Ruke가 지난 학기에 졸업하지 못했니?
　　　B: 병 때문에 3월에 졸업할 수 없었어.
해설_ prevent A from -ing: A가 ~을 못 하게 하다
어휘_ graduate from ~을 졸업하다 ailment 병, 우환
정답_ (d)

5.

해석_A: 이탈리아 남성복 패션 트렌드를 어떻게 생각하세요?

　　B: 유행은 오고 가는 거지요, 그러나 이탈리아 남성복 스타일에는 변하지 않는 어떤 요소가 있습니다.

해설_constant는 '변하지 않는 것'이라는 의미이므로 come and go와는 반대의 의미이다. 반대의 의미를 전달하는 접속사가 적절하다.

어휘_trend 유행 constant 변하지 않는 것 mark ~을 두드러지게 하다

정답_(a)

6.

해석_A: 제가 지금 성적증명서를 받을 수 있나요?

　　B: 당신이 성적증명서를 받을 수 있는 사무실이 지금 문을 닫았습니다.

해설_선행사가 장소이므로 장소를 나타내는 관계부사가 들어가야 한다.

어휘_transcript 등본, 성적표

정답_(c)

7.

해석_그는 형제들과 매일 2시간 동안 산책한다고 내게 말했어. 지금 공원에서 산책하고 있을지도 몰라.

해설_B as well as A에서 동사는 B에 맞추어야 하고 매일 반복하는 습관이므로 현재로 써야 한다.

정답_(b)

8.

해석_Mary와 David는 테니스 경기를 하고 있다. 2시에 시작해서 지금 3시니까 여전히 경기 중이다. Mary와 David는 한 시간째 테니스 경기를 하고 있다.

해설_완료시제와 진행시제가 함께 올 경우에는 현재완료진행을 써야 한다.

정답_(b)

9.

해석_그 대학은, 작년에 포기하기 전까지, 2년 동안 Davis 교수의 빈 자리를 채울 유능한 후임자를 열심히 찾아왔었다.

해설_지속된 기간을 나타내는 부사구 for two years가 있으면서 행위가 종료된 시기가 과거이기에 과거완료를 쓴다.

어휘_competent 유능한 replacement 후임자

정답_(d)

10.

해석_아무리 배가 고파도 천천히 먹어야 한다.

해설_'no matter how + 형용사'나 'however + 형용사'가 적절하다.

정답_(d)

11.

해석_선생님뿐만 아니라 학생들도 참석했다.

해설_not only A but also B는 B에 동사를 일치하여야 하고 present 때문에 현재완료로는 쓰일 수 없다.

어휘_not only A but also B A뿐만 아니라 B도

정답_(a)

12.

해석_나는 변호사에게 전화할 수 있도록 허용해달라고 요구했다.

해설_'제안, 주장, 충고, 추천, 동의'의 동사의 목적어로 쓰인 that 절은 '주어 +(should)+ 동사원형'의 형태를 취해야 한다.

정답_(b)

13.

해석_A: 여기서 오래 일했나요?

　　B: 아니오, 몇 달밖에 안 됐어요. 전 인사부에 있어요.

　　A: 오, 그래서 뵌 적이 없군요. 전 영업부에 있거든요.

　　B: 그럼 4층에서 일하시는군요.

해설_이유의 부사절을 이끄는 관계부사는 why이다.

정답_(c) how → why

14.

해석_A: 당신의 책 보고서가 아직 안 끝났나요?

　　B: 이제 화요일밖에 안 됐어요. 아직 3일이나 남았어요.

　　A: 아니오, 모레가 마감이에요.

　　B: 이런.

해설_not ~ yet 아직 ~ 않다

정답_(a) even → yet

15.

해석_(a) 플라스틱 제품이 없는 세상을 상상하기란 어려울 것 같다.

　　(b) 우리가 매일 사용하는 품목들 중 아주 많은 것들이 플라스틱으로 만들어진다. (c) 최초의 플라스틱은 1909년에 합성되었다. (d) 합성물질이란 목화나 나무같이 자연적으로 생성되는 물질과는 반대로, 공장에서 화학물질로 제조되는 것이다.

해설_셀 수 있는 명사를 수식하는 수량형용사는 much가 아니라 many이다.

어휘_synthesize ~을 종합하다, 합성하다

　　synthetic 종합적인, 합성의, 인조의

　　manufacture ~을 제조하다, 제작하다

　　as opposed to~ ~에 대립하는 것으로(서)

정답_(b) much → many

Chapter 07 태

STEP 3 BASIC PRACTICE

1.
해석_ 긴급회의가 오늘 아침 소집되었다.
해설_ 수동의 의미로 결과를 나타낸다.
어휘_ convene 소집하다
정답_ was convened

2.
해석_ 선생님이 연설할 때마다 학생들은 지루해한다.
해설_ 그들이 지루해졌으므로 수동형을 사용한다.
정답_ are bored

3.
해석_ 그 편지들은 매니저의 책상 위에 놓여 있었다.
해설_ '놓여지는 것'이므로 수동형을 사용한다.
어휘_ place 위치시키다
정답_ were placed

4.
해석_ 새로 개발된 백신 덕에 간(肝) 질병은 최근에 사라졌다.
해설_ disappear는 자동사로서 수동태를 쓸 수 없다.
어휘_ thanks to ~ 덕택에 vaccine 백신 liver 간
정답_ disappeared

5.
해석_ 많은 사람들이 그렇게 짧은 시간 안에 큰 도약이 일어난 것에 감명받았다.
해설_ 사람들이 감명을 받은 상태가 된 것이므로 수동태로 써야 한다.
어휘_ leap 성공, 도약, 진보 be impressed with ~에 인상을 받다
정답_ impressed

6.
해석_ 절대적인 자유는 오직 신의 영역에만 속하는 성질이다.
해설_ 소유의 개념을 나타내는 belong to는 수동태로 쓸 수 없다.
어휘_ absolute 절대적인
정답_ is belonged to → belongs to

7.
해석_ 그들은 둘 다 선거 결과에 실망했다.
해설_ 사람의 감정은 수동태 문장을 이용한다.
정답_ disappointed → were disappointed

8.
해석_ 풀칠을 너무 많이 하면 종이가 주름질 것이다.
해설_ glue가 주어이므로 수동태로 써야 한다.

어휘_ wrinkle 주름지다
정답_ applied → is applied

9.
해석_ 이 식당은 라자냐로 유명하다. 지금까지 100만 접시 이상이 팔렸다.
해설_ 음식은 'serve되어지는' 대상이므로 수동태 문장을 사용하며, 문맥상 현재완료 수동태 문장이 적합하다.
정답_ have served → have been served

10.
해석_ 그 오래된 가구는 지금 다시 만들어지고 있는 중이다.
해설_ 현재 만들어지고 있는 상태를 서술하여야 하므로 진행형 수동태를 사용한다.
정답_ remade → being remade

STEP 4 ACTUAL TEST

1.
해석_ A: 바삭바삭한 크림 도넛 더 있어요?
　　 B: 미안합니다, 부인. 방금 다 팔았어요.
해설_ 주어가 사람이므로 능동태를 쓴다.
정답_ (b)

2.
해석_ A: 배고파 죽겠어. 피자 언제 배달되니?
　　 B: 인내심을 갖고 기다려봐. 10분 지나면 올 거야.
해설_ 주어가 피자이므로 수동태로 써주는 것이 적절하다.
정답_ (d)

3.
해석_ A: 언제 우리는 전화를 쓸 수 있습니까?
　　 B: 전화는 다음 주에 사무실에 설치될 겁니다.
해설_ 미래형이면서 설치되어지는 것이므로 수동태로 써야 한다.
정답_ (d)

4.
해석_ A: 대부분의 외국 학생들은 차를 싫어한다.
　　 B: 나도 싫어.
해설_ 부정문에 대한 동감을 표시할 때는 'neither 동사+주어'를 쓴다.
정답_ (a)

5.
해석_ A: 왜 대통령을 존경하십니까?
　　 B: 훌륭한 리더로서, 그는 나아갈 길을 알 뿐만 아니라 보여줍니다.
해설_ not only ~ but (also) 구문이다.
어휘_ leader 리더

정답_(a)

6.
해석_A: 내 남동생이 내 생일 파티에 올 거야.
B: 그거 잘 됐구나. 내가 보고 싶은 사람은 너의 남동생이야.
해설_ 목적격 관계대명사가 들어갈 자리로 **that**이 알맞다.
정답_(a)

7.
해석_ 당신의 포트폴리오의 몇 퍼센트가 채권에 할당되어야 합니까?
해설_ '채권은 할당되는 대상'이므로 수동태를 사용한다.
정답_(a)

8.
해석_ 이 강좌는 **Huntington** 교수의 연구를 기본으로 한다.
해설_ 단수동사와 수동태를 써야 한다.
어휘_ be based on ~에 토대를 두다
정답_(a)

9.
해석_ 신간 중 8퍼센트만이 오프라인에서 구매된다.
해설_ 책은 구매되는 대상이므로 수동태로 써야하며 주어가 복수라는 점에 유의한다.
정답_(a)

10.
해석_ 폐렴이 불결한 공기를 호흡함으로써 발생한다는 것은 한때 일반적인 믿음이었다.
해설_ 명사절을 이끄는 **that**이 적절하다.
어휘_ pneumonia 폐렴 **impure** 불순한
정답_(b)

11.
해석_ 온라인 서비스에 익숙지 않은 사람들은 여러 번 전화를 걸거나 저희 매장을 직접 방문해야 합니다.
해설_ 주어가 복수명사인 **people**이기에 **has to**가 아니라 **have to**가 되어야 한다.
어휘_ be familiar with ~에 익숙하다
정답_(b)

12
해석_Ron은 전처럼 건강하지 못하기 때문에 신체 훈련을 필요로 한다.
해설_ 과거에 습관적인 사실을 나타낼 때는 **used to** + 동사원형을 쓴다.
어휘_ physical 신체적인
정답_(a)

13.

14.
해석_A: Mike, 이봐! 바닥에 떨어진 게 뭐야?
B: 신용카드나 뭐 그런 거 같은데.
A: 아니, 누군가의 신분증이야.
B: 거기에 써 있는 이름을 읽을 수 있어?
해설_ look like ~인 듯이 보인다
정답_(b) looks → looks like

15.
해석_(a) '백지장도 맞들면 낫다'라는 속담을 들어 본 적이 있는가?
(b) 만약 문제를 혼자만 안고 있으면, 그것은 실제보다 훨씬 더 나쁜 문제로 보일 수 있다. **(c)** 만약 자신의 문제에 대해 남과 의논하면 여러분은 그것을 다른 측면에서 보게 될 수 있다. **(d)** 말에 감정을 넣어 큰 소리로 말하는 것이 종종 도움이 된다.
해설_ 비교급 수식어구로 양을 수식할 때는 **many**를 사용하지 않는다.
어휘_ halve 반으로 나누다 **in a different light** 다른 관점에서
정답_(b) great many → much

위쪽 오른쪽 칼럼:

해석_A: 안녕하세요. 8월 9일 주말에 방을 예약하고 싶은데요.
B: 유감스럽게도 그 주말엔 전부 예약되었습니다. 시내에서 컨퍼런스가 있거든요.
A: 오, 몰랐네요. 그럼 그 다음 주에는 어떤가요? 16일 금요일은요?
B: 빈 방이 많이 있을 것 같네요.
해설_ 가산명사는 **much**가 수식하지 못한다.
정답_(d) much → many

Chapter 08 가정법

STEP 3 BASIC PRACTICE

1.
해석_ 새로운 직원이 발표를 한다면, 그는 좀 더 자부심을 갖게 될 것이다.
해설_ 가정법 현재이므로 'if + 주어 + 동사, 주어 + will + 동사원형'으로 쓰여야 한다.
정답_ gives

2.
해석_ Sandra가 그 답을 알았더라면, 그의 질문에 답을 했을 것이다.
해설_ 가정법 과거완료로 'if + 주어 + had + 과거분사, 주어 + 과거조동사 + have + 과거분사'로 쓰여야 한다.
정답_ had known

3.
해석_ Mickey가 정직했더라면, 나는 그를 고용했을 것이다.
해설_ 뒷 부분의 '조동사 + have + 과거분사'를 보아 가정법 과거완료로 쓰여야 적절하다.
정답_ had been

4.
해석_ 그녀는 자기가 거기에 있었더라면 하고 바랐다.
해설_ wish와 관련된 가정법 과거완료 표현이다.
정답_ had

5.
해석_ 나의 남동생은 자기 개가 자기 말을 알아듣는 것처럼 개와 얘기한다.
해설_ '마치 ~처럼'의 의미를 나타내는 가정법이다.
정답_ understood

6.
해석_ 내가 너였다면, 그 코트를 사지 않았을 텐데.
해설_ 가정법 과거에서는 were를 쓴다.
정답_ be → were

7.
해석_ 내가 숙모가 아프다는 것을 알았었더라면 좋았을 텐데.
해설_ 가정법 과거완료의 문장이다. 내가 '알았더라면'이라는 뜻이므로 수동태는 적합하지 않다.
정답_ were → had

8.
해석_ 그녀는 자기가 어디로 가고 있는지 보고 있었다면, 벽으로 걸어가진 않았을 것이다.

해설_ 가정법 과거완료의 문장이므로 주절 be가 have가 되어야 한다.
어휘_ wall 벽
정답_ be→have

9.
해석_ 만일 그녀가 더욱 분별있게 행동했다면 나는 그녀를 더 잘 대접했을 것이다.
해설_ 혼합가정법의 문장이다. if가 이끄는 종속절이 가정법 과거완료라 할지라도, 주절에 '현재'를 나타내는 부사나 부사구(예: now, in the present)가 있으면 주절은 '현재 사실의 반대'되는 표현으로 가정법 과거를 사용해야 한다.
정답_ I would have treated → I would treat

10.
해석_ 이제 자야 할 시간이다.
해설_ it is high time ~의 구문은 가정법 문장으로 가정법의 형식을 취해야 한다. '현재 상황'이면 가정법 과거, 즉 과거형 동사를 사용해야 한다.
정답_ go → went

STEP 4 ACTUAL TEST

1.
해석_ A: 너 '노인을 위한 나라' 봤어?
　　　 B: 응, 영화에서 매우 많은 노인들이 나와 놀라웠어.
해설_ 시제는 질문과 동일하게 과거 시제를 사용한다. '영화가 놀라웠다는 것'이므로 과거분사가 아닌 현재분사를 사용한다.
정답_ (a)

2.
해석_ A: 내가 너의 사무실에 지갑을 두고 온 것 같아, 봤니?
　　　 B: 찾으면, 너에게 줄게.
해설_ 가정법 현재형에서 if절의 동사는 현재형이다.
정답_ (b)

3.
해석_ A: 네가 100달러를 발견한다면 어떻게 할 거야?
　　　 B: 내가 길거리에서 100달러를 줍는다면, 갖겠어.
해설_ 가정법 과거에서 if절에는 동사의 과거형을 사용한다.
정답_ (a)

4.
해석_ A: 새로운 정장을 사는 게 어때?
　　　 B: 좋아, 우리 엄마도 사라고 이야기하셨어.
해설_ suggest + that + 주어 + should + 동사원형
정답_ (a)

5.

해석_ A: 너 왜 이렇게 많은 감자 음식을 나에게 줬어?

　　 B: 네가 좋아하는 줄 알았지.

해설_ 'such + a/an + 형 + 명'의 어순이 된다.

정답_ (d)

6.

해석_ A: 나에게 이 컴퓨터의 문제를 말해 줄 수 있어?

　　 B: 난 컴퓨터에 익숙하지 않아.

해설_ familiar는 전치사 with와 함께 쓰인다.

정답_ (a)

7.

해석_ 호텔에 숙박하는 것은 기숙사의 방을 일주일 간 빌리는 것보다 두 배 비싸다.

해설_ 배수사 + as ~ as: ~보다 몇 배나 ~한 = 배수사 + 비교급 + than

정답_ (d)

8.

해석_ 업무를 수행하는데 있어서 따라야 할 어떤 기존의 절차들이 있다.

해설_ 주어가 복수인 procedures (진행, 절차)이고 수동의 개념이므로 'be동사 + 과거분사'가 적절하다.

정답_ (a)

9.

해석_ 추운 날씨가 그녀를 불편하게 한다.

해설_ make는 원형부정사를 목적보어로 취한다.

정답_ (b)

10.

해석_ 피고는 유죄판결을 받는다면, 분명 항소할 것이다.

해설_ 가정법 미래의 주절에 맞는 동사 형태가 들어가야 적절하다.

어휘_ defendant 피고 appeal 항소하다

정답_ (a)

11.

해석_ 그는 내가 그를 필요로 할 때 나를 도와주지 않았다. 진정한 친구라면 다르게 행동했을 것이다.

해설_ 필요할 때 도와주지 않은 것으로 보아 실제와 반대의 내용이므로 가정법이 필요하며, 과거에 대한 가정이므로 가정법 과거완료가 적절하다.

정답_ (b)

12.

해석_ 책이 없었더라면, 모든 세대들은 젊은 사람들을 가르치는 데에 어려움이 있었을 것이다.

해설_ 앞의 if it were로 보아 가정법 과거임을 알 수 있다. 따라서

'would + 동사원형'이 들어가는 것이 적절하다.

정답_ (a)

13.

해석_ A: Karen, 안녕. 다음 주 회의에 관한 이메일 잘 받았어. 참석할게.

　　 B: 좋아. 지난 번 회의의 의사록을 검토하는 것을 네가 맡아줬으면 해.

　　 A: 물론, 내가 할게. 내 파일에 의사록 사본이 있을 거야.

　　 B: 고마워.

해설_ in charge of -ing 구문을 아는지 묻고 있다.

정답_ (b) reviewed → reviewing

14.

해석_ (a) 플라스틱은 주로 석유 제품으로 만들어지며 자연 제품보다 많은 장점이 있다. (b) 그중 한 가지는 생산비가 싸다는 것이다. (c) 그러나 보다 더 중요한 것은 플라스틱 제품은 가볍고 연성이라는 점이다. (d) 자동차, 항공기, 그리고 많은 가전제품의 부품들을 플라스틱 제품으로 쉽게 만들 수 있다.

해설_ plastics가 복수 주어이며 병치 구조를 이루고 있으므로 복수동사를 사용한다.

어휘_ primarily 첫째로, 주로 petroleum 석유 malleable (쇠를) 불릴 수 있는, 단련할 수 있는, 두드려 펼수 있는 craft ~을 정교하게 만들다; 기능, 기교

정답_ (a) has → have

15.

해석_ (a) 염소는 잡초를 좋아한다. (b) 사실, 염소는 잔디보다 잡초를 더 좋아한다. (c) 그래서 염소는 화학약품을 사용하지 않고 잡초를 억제하는 데에 아주 유용하다. (d) 염소의 소화기관은 양이나 소의 소화기관과는 다르다.

해설_ without 다음에 동명사가 와서 '~ 없이'의 의미로 사용되는 것이 적합하므로 using을 써야 한다.

정답_ (c) used → using

Part III
주어, 목적어, 보어

Chapter 09 명사, 관사

STEP 3 BASIC PRACTICE

1.
해석_ 우리 학교의 모든 학생들이 그 선생님을 좋아한다.
해설_ 'all + the + 명사' 의 순서임에 주의한다.
정답_ All the

2.
해석_ Greg은 내게 약간의 좋은 충고를 해줬다.
해설_ advice는 불가산명사이므로 복수형을 쓰지 않는다.
정답_ advice

3.
해석_ 오늘 매우 놀라운 뉴스가 있다.
해설_ news는 불가산명사이므로 단수 취급한다.
정답_ is

4.
해석_ 우리는 신나는 여행을 했다.
해설_ 여기서는 단수명사가 쓰여야 한다.
정답_ trip

5.
해석_ 나는 그가 사준 그 책을 잃어버렸다.
해설_ 한정된 경우 정관사를 쓴다.
정답_ the

6.
해석_ 우리는 운반할 짐이 많지 않다.
해설_ luggage(짐)는 불가산명사이므로 복수형을 사용할 수 없으며 many로 수식할 수 없다.
정답_ many luggages → much luggage

7.
해석_ 나는 나쁜 소식을 들을까봐 두렵다.
해설_ news는 불가산명사이므로 a/an을 붙일 수 없다.
정답_ a → some

8.
해석_ Micky는 몸무게를 줄이기 위해 운동을 더 해야 한다.

해설_ exercise는 추상명사로 불가산명사이므로 단수형을 사용한다.
정답_ exercises → exercise

9.
해석_ 아이들은 놀이로부터 많은 것을 배운다.
해설_ children은 복수의 뜻이므로 동사도 복수형 동사를 써야 한다.
정답_ learns → learn

10.
해석_ 어떤 책들은 각종 분야의 지식과 유용한 정보를 제공한다.
해설_ information은 추상명사이며 불가산명사이므로 복수형을 사용하지 않는다.
정답_ informations → information

STEP 4 ACTUAL TEST

1.
해석_ A: 박 교수님 사무실이 어디인가요?
　　　 B: 왼쪽에서 세 번째 방이에요.
해설_ 서수 앞에는 the를 써야 한다.
정답_ (a)

2.
해석_ A: 요즘 무슨 일을 하고 있니?
　　　 B: 백화점에서 일하고 있어.
해설_ 대화하는 화자가 서로 알고 있는 특정한 장소가 아니므로 부정관사를 써준다.
정답_ (d)

3.
해석_ A: Ann이 많은 돈을 벌었다고 들었어. 그녀는 그 돈으로 뭘 할 작정이라고 하니?
　　　 B: 전세계를 돌며 여행할 거래.
해설_ 막연한 의미의 '돈'의 의미에서 money는 복수가 될 수 없는 불가산명사이다.
정답_ (a)

4.
해석_ A 우리 아버지는 매우 엄격하셔.
　　　 B: 나는 그가 매우 엄격한 아버지라고 생각해.
해설_ quite + a + 형용사 + 명사의 순서를 잘 익혀두자.
정답_ (d)

5.
해석_ A: 무슨 문제 있어?
　　　 B: 부모님과 친척들에게 애처럼 다뤄지는 것이 싫어.
해설_ hate는 동명사를 목적어로 취하는 동사이고 수동의 의미를 가져야 한다.

정답_(c)

6.

해석_A: 시험 어땠어?

　　B: 그렇게 어려울 거라는 것을 알았더라면 시험을 치르지 않았을 거야.

해설_가정법 과거완료이므로 'had + 과거분사'가 필요하다.

정답_(c)

7.

해석_파티에 참석한 사람들은 대통령의 출현에 놀랐다.

해설_동사는 있는데 주어가 없으므로 '파티에 모인 사람들'이라는 의미이므로 **Those**를 써줘야 한다.

정답_(a)

8.

해석_내가 처음으로 도쿄의 코리아타운을 방문했을 때, 나는 서울과 무척 닮았다는 생각을 하지 않을 수 없었다.

해설_의미상 'cannot help + 동명사' 구문으로 쓰였다.

정답_(a)

9.

해석_성공에 관한 한, 높은 IQ가 고려되어야 할 유일한 요소는 아니다.

해설_'고려되는 요소'이므로 수동태로 쓰여야 적절하다.

정답_(d)

10.

해석_**Jackson** 씨는 그의 사업을 철저하게 운영함으로써 큰돈을 벌었고, 반면에 그의 이웃들은 평생 가난했다.

해설_뒤에 '주어 + 동사'가 나왔고, 문맥상 앞뒤의 내용이 반대이므로 역접의 접속사가 들어가야 한다.

정답_(a)

11.

해석_바닷가에서 자라는 열대나무인 맹그로브는, 해안 간척 사업을 하는데 이용된다.

해설_전치사의 목적어 자리이므로 명사가 들어가야 하고, 명사를 꾸며주는 형용사는 그 앞에 위치해야 하므로 '형용사 + 명사 + 명사' 형태인 **(a)**가 적절하다.

어휘_**mangrove** (식물) 맹그로브　**coastal land building** 해안 간척 사업

정답_(a)

12.

해석_나는 네가 영국 시인, **Byron** 경의 이름을 결코 들어본 적이 없다는 것에 놀랐다.

해설_'아직 들어보지 못했다니'와 같은 자연스러운 해석이 되기 위

해서는 현재완료 시제가 되어야 한다.

정답_(c)

13.

해석_A: 30달러입니다. 하지만 어떤 종류의 포장을 선택하는가에 따라 금액이 늘어날 수도 있습니다. 그건 깨지기 쉬운 것입니까?

　　B: 사실은 그래요.

　　A: 그럼 특수 포장이 필요합니다.

　　B: 그것에 대해 추가 요금이 있습니까?

해설_**depend** 동사는 전치사 **on**과 함께 쓰인다.

정답_(a)

14.

해석_**(a)** 복지국가는 성공적으로 이룰 수 없다. **(b)** 왜냐하면 그것은 인류가 이타적이라는 가정에 기초를 두기 때문이다. **(c)** 복지국가는 월급쟁이가 어렵게 일해 번 돈을 더 어려운 사람을 기꺼이 도울 때만 가능하다. **(d)** 하지만 본질적으로 자신의 행복을 추구한다.

해설_주어가 사물이고 **implemented**의 대상이므로 수동태를 사용해야 한다.

정답_(a) cannot successfully → cannot be successfully

15.

해석_**(a)** 정말 사랑한다는 것은 상처받기 쉬운 것이다. **(b)** 어떤 것을 사랑한다면 당신의 마음은 틀림없이 괴로움에 짓눌리고 아플 수도 있다. **(c)** 당신의 마음이 아프지 않기를 원한다면 당신의 마음을 누구에게도, 심지어 동물에게조차 주지 말아야 한다. **(d)** 취미와 사소한 사치로 마음을 감싸고, 모든 얽히는 것은 피하고, 그것을 당신의 이기심이라는 작은 상자나 관 속에 안전하게 잠가서 가두어 두어라.

해설_**give**는 사람 목적어 앞에 전치사 **to**를 사용한다.

어휘_**at all** 적어도, 정말, 도대체, 기왕에
　　vulnerable 상처입기(공격받기) 쉬운, 비난받기 쉬운 취약성(약점)이 있는　**wrung** (쥐어) 짠, 비튼, 괴로움(슬픔)에 짓눌린　**intact** 손대지 않은, 손상되지 않은 (고스란히) 완전한　**wrap** ~을 감싸다, 싸다, 포장하다, (둘레에) 감다, 두르다 (round)　**entanglement** 얽힘 (사태) 분규 장애물, 철조망(주로 복수)　**casket** (보석, 귀중품을 넣는) 작은 상자　**coffin** 관

정답_(c) for → to

Chapter 10 대명사

STEP 3 BASIC PRACTICE

1.
해석_ 나는 친구가 5명이 있는데, 한 명은 학생이고 나머지는 직장인이다.
해설_ 정해진 대상의 나머지 전부가 둘 이상일 때에는 'the others'로 받는다.
정답_ the others

2.
해석_ 강철, 섬유 또는 화학 공장들의 노동자들은 그들이 어디에 가든 같은 형태의 공장들에서 많은 유사점들을 찾을 수 있다.
해설_ **workers**는 복수이므로 대명사는 **they**가 와야 한다.
정답_ they

3.
해석_ 부모들은 여러분 모두가 각자 인생을 즐기기를 희망한다.
해설_ **everyone**의 소유격은 **his**나 **her**를 써야 한다.
정답_ his

4.
해석_ **Nancy**는 아들을 치과에 보내는 것이 어렵다는 것을 알았다.
해설_ '주어 + **found** + **it**(가목적어) + 형용사 + 진목적어(**to**부정사)'의 구문이다.
정답_ it

5.
해석_ 아래에 나쁜 독자와 좋은 독자의 눈의 움직임에 관한 그림이 있다.
해설_ 대명사의 단수와 복수 문제이다. 대명사 **that**은 앞 절의 **the eye movements**를 받는 대명사이기에 복수형의 대명사 **those**를 사용해야 옳다.
정답_ those

6.
해석_ **Greg**는 나와 **Tom**에게 클럽에 가자고 제안했다.
해설_ **I**는 전치사 다음에 오므로 목적격을 써준다.
정답_ I → me

7.
해석_ 저는 몇 개의 다른 질문이 있습니다.
해설_ '어떤'의 의미를 표현할 때에 긍정문에서는 **some**, 부정문에서는 **any**를 사용한다.
정답_ any → some

8.
해석_ 12명의 경쟁자 가운데에서 3명이 상을 탔으나 나머지는 타지 못했다.
해설_ 한정된 수의 나머지를 받을 때는 **the others**를 쓴다.
정답_ others → the others

9.
해석_ 유라가 나보다 빨리 뛰었기 때문에, 경주에서 승리할 수 있었다.
해설_ 의미상 주격이 들어가는 것이 적절하다.
정답_ me → I

10.
해석_ 소설가와 극작가들이 그들의 인물들에 정보를 부여하는 한 가지 방법은 직접적으로 그것들을 묘사하는 것이다.
해설_ **it**은 **characters**를 받으므로 대명사 **them**이 와야 한다.
정답_ it → them

STEP 4 ACTUAL TEST

1.
해석_ A: **Jack**을 어디에서도 찾을 수가 없어. 나는 그가 어디 있는지 궁금해.
　　 B: 그는 아마도 테니스를 치고 있을 거야.
해설_ 말하는 시점에 가능한 행동을 묘사하고 있으므로 조동사 **could**에 진행형을 써준다.
정답_ (b)

2.
해석_ A: **Helen**의 생일 선물로 뭘 샀어? 나는 **Jaque Roussier**의 새로운 **CD**를 샀어.
　　 B: 정말이야? 나도 그것을 샀는데. 다른 선물을 사야 할까 봐.
해설_ '상대와 똑같은 **CD**를 샀다'라는 의미로 '**so**+동사+주어' 구문이 적절하다.
정답_ (d)

3.
해석_ A: 어떤 넥타이를 원하세요? 파란색이요, 빨간색이요?
　　 B: 빨간색으로 주세요.
해설_ 막연한 하나를 대신하는 대명사는 **one**을 사용한다.
정답_ (b)

4.
해석_ A: 과학을 배우는 능률적인 방법을 추천해주실 수 있나요?
　　 B: 학생들이 과학을 배우는 좋은 방법은 실험을 스스로 해보는 것입니다.
해설_ **students**(복수)를 대신 받는 재귀대명사는 **themselves**가 되어야 한다.
어휘_ **by oneself** 스스로

정답_ (a)

5.
해석_ **A:** 치료를 어떻게 정의합니까?
B: 치료는 의학적인 조치를 요구하는 사람들을 돌보는 것으로 정의됩니다.
해설_ '정의가 되어지는 것' 이므로 수동태를 사용한다.
정답_ (a)

6.
해석_ **A:** 위대한 사람들이 이 마을에서 많이 태어났나요?
B: 아니요. 다만 아기들이 이곳에서 태어났을 뿐입니다.
해설_ '태어나다' 는 **be born**으로 표현한다.
정답_ (a)

7.
해석_ 지난 10개월 동안 이 교차로에서 다섯 건의 사고가 있었다.
해설_ **for the last ten months**라는 지속의 의미를 나타내는 부사구가 있으므로 현재완료가 와야 한다.
어휘_ **intersection** 교차로
정답_ (a)

8.
해석_ 미국 대통령 **Obama**는 이번 주 수요일 북한의 핵 문제에 대해 논의하기 위하여 한국에 도착할 예정이다.
해설_ '미래에 ~할 예정이다' 의 의미는 '**be due to**+동사원형' 으로 쓴다.
어휘_ **nuclear** 핵
정답_ (d)

9.
해석_ 여행의 성취에 관한 상세하고 유머가 뛰어난 **Russell**의 1인칭 형식의 보고서는 5월 호에 게재되었다.
해설_ **appear**는 자동사로 쓰였다.
어휘_ **remarkable** 현저한 **appear** 나타나다
정답_ (d)

10.
해석_ 컴퓨터는 인간의 편견 없이 작동하지만, 몇몇 사람들은 컴퓨터의 논리적 해결책이 인간에게 해로울 수 있다는 점을 두려워한다.
해설_ 복수인 **computers**이므로 **their**가 되어야 한다.
어휘_ **even though** ~임에도 불구하고 **prejudice** 편견
logical 논리적인 **solution** 해결, 용해
harmful 해로운
정답_ (c)

11.
해석_ 1926년에 발목을 심하게 다치는 바람에 하는 수 없이 기자를 그만두게 되자, **Margaret Mitchell**은 '바람과 함께 사라지다' 를 쓰기 시작했다.
해설_ **Margaret Mitchell**를 대신하는 **her**를 목적어로 써주는 것이 적합하다.
어휘_ **force somebody to do** ~에게 ~을 강요하다
정답_ (b)

12.
해석_ **Shaila**는 다른 사람의 도움 없이 거의 대부분의 일을 그녀 혼자서 했다.
해설_ '대부분의 ~' 의 의미이므로 '**almost all + the + 명사**' 로 쓴다.
정답_ (a)

13.
해석_ **A:** 실례합니다. **Janice**를 찾고 있는데요.
B: 제가 **Janice**인데요. 무엇을 도와드릴까요?
A: 카페테리아의 계산원이 이쪽으로 가보라고 했어요. 제 식사 계획을 바꾸고 싶습니다.
B: 지금 어떤 계획을 가지고 계신가요?
해설_ '어떤' 계획이냐는 질문을 하려면 **what**을 사용한다.
정답_ (d) how → what

14.
해석_ **(a)** 닐 버게론 씨에 관해서 이 편지를 씁니다. **(b)** 버게론 씨는 지난 3년 동안 저를 도와 일한 우수한 직원입니다. **(c)** 성실하고 근면하며 저희 회사에서 근무하는 다른 어떤 직원들만큼이나 모든 임무를 잘 수행합니다. **(d)** 그는 현장 엔지니어로서 그가 방문했던 모든 고객들에게 오로지 최고의 칭찬만 받아왔습니다.
해설_ 선행사가 있으므로, 목적격 관계대명사(**whom**)가 들어갈 자리이다.
어휘_ **with regard to** ~에 관해서(는)
on-site 현지(현장)의(에서)
nothing but 오로지(only), 다만, ~뿐
praise 칭찬, 찬사(찬양) ; 칭찬(찬사)하다
정답_ (d) what → whom

15.
해석_ **(a)** 기술적 발전은 경제성장을 가져온다. **(b)** 이는 또한 노동자의 특정 기술을 제품보다 덜 중요하게 만들었다. **(c)** 하지만 노동자의 일에 대한 만족은 그 일이 어렵고 비범한 기술을 요한다는 믿음에 좌우된다. **(d)** 따라서 기술 발전은 노동자의 일에 대한 만족이 줄어드는 원인이 되었다.
해설_ **depend on**의 목적어가 되려면 명사 형태가 와야 한다.
정답_ (c) believed → belief

Chapter 11 동명사

STEP 3 BASIC PRACTICE

1.
해석_ 제리는 고속 열차 대신에 비행기를 타고 갈 것을 고려했다.
해설_ consider는 동명사를 목적어로 취하는 동사이다.
어휘_ instead of ~ 대신에 express 고속의, 급행의
정답_ taking

2.
해석_ 그는 일요일에 골프를 치곤 했다.
해설_ 과거의 습관을 나타낼 때는 'used to + 동사원형'을 쓰고 조동사처럼 사용한다.
정답_ play

3.
해석_ 나는 이유 없이 체벌을 받는 것에 반대한다.
해설_ 'object to -ing'의 구문이다.
정답_ being

4.
해석_ 그는 차를 운전하는 것에 익숙하다.
해설_ be used to -ing '~하는 데에 익숙하다'이다.
정답_ driving

5.
해석_ 편지 쓰는 일을 다 마치셨나요?
해설_ finish는 동명사를 목적어로 취하는 동사이다.
정답_ writing

6.
해석_ 재즈 음악에 맞춰 춤을 추는 것이 나에게 오토바이를 타는 것만큼 재미있다.
해설_ 원급비교인 as ~ as 구문에서 비교대상의 품사는 서로 일치해야 한다.
정답_ to race → racing

7.
해석_ 그는 살 곳을 찾는 데에 어려움을 겪었다.
해설_ have difficulty -ing ~하는 데에 어려움을 겪다
어휘_ difficulty 어려움
정답_ to find → finding

8.
해석_ 유라는 집에 가기 전에 일을 끝내지 않고 남겨놓기보다는 마치고 가는 것을 더 선호한다.
해설_ prefer A to B (A를 B보다 더 선호하다) 구문에서 B에 해당하는 leave를 finishing(A)과 동일한 어형으로 사용해야

한다.
어휘_ prefer 선호하다 undone 끝나지 않은
정답_ leave → leaving

9.
해석_ 그 고객은 응접실이 너무 지저분하다고 불평했다.
해설_ of(전치사)의 목적어는 동명사를 취한다.
어휘_ complain 불평하다
정답_ to be → being

10.
해석_ Darcy는 치통에 시달렸기 때문에 치과에 가는 것을 연기할 수 없었다.
해설_ postpone은 목적어로 동명사를 취한다.
어휘_ postpone 미루다, 연기하다
정답_ to go → going

STEP 4 ACTUAL TEST

1.
해석_ A: 왜 하루 종일 집에 있니?
　　　B: 나 오늘은 나가고 싶지 않아.
해설_ feel like -ing ~하고 싶다
어휘_ stay 머무르다
정답_ (a)

2.
해석_ A: 새로운 영업부장이 캘리포니아에서 오늘밤 올 거야.
　　　B: 나는 그녀를 만나는 것을 무척 기대하고 있어.
해설_ look forward to -ing ~하기를 고대하다
어휘_ sales manager 영업부장
정답_ (a)

3.
해석_ A: 왜 탐은 무거운 코트를 자주 입니?
　　　B: 왜냐하면 그는 이렇게 추운 기후에 사는 데에 익숙하지 않아서야.
해설_ be used to -ing(~하는 데에 익숙하다). 문맥상 '익숙하지 않다'는 내용이 와야 한다.
어휘_ climate 기후, 날씨
정답_ (c)

4.
해석_ A: 나는 동료들과 좋은 업무 관계를 맺고 있지 못해.
　　　B: 견고한 관계를 쌓는 일에 관해서는 정직이 최선의 방책이야.
해설_ when it comes to -ing ~에 관해서 말하면
어휘_ coworker 동료 policy 정책
정답_ (d)

5.

해석_ **A:** 저건 내가 지금껏 일한 프로젝트 중 가장 지루한 거였어.
　　　　B: 다행히 그건 완전히 끝났어.
해설_ 내가 했던 일이 지루했던 것이므로 **boring**이 적절하고, 내용
　　　상 최상급이 되어야 하므로 **the most**가 앞에 온다.
어휘_ **boring** 지루한, 따분한
정답_ **(a)**

6.
해석_ **A:** 릴리, 네 질문이 뭐야?
　　　　B: 나는 왜 몇몇 엄마들이 아이를 출산한 이후에 우울해하는
　　　　　　지 궁금해.
해설_ 주어가 **some mothers**로 복수이고 사람이 의기소침해지는
　　　것이므로 수동태를 써야 한다.
어휘_ **depressed** 우울한
정답_ **(a)**

7.
해석_ 그들은 많은 문제들을 해결하느라 고생했다.
해설_ **have a hard time (in) -ing**(~하느라 고생하다)의 동명사
　　　관용 어구를 아는지 묻는 문제이다.
어휘_ **solve** (문제를) 해결하다, 풀다
정답_ **(b)**

8.
해석_ 나는 내 독자들이 즐거움과 유용한 정보 둘 다를 얻어간다면
　　　기쁘겠다.
해설_ **cannot help -ing** ~하지 않을 수 없다
어휘_ **amusement** 즐거움, 기쁨
정답_ **(a)**

9.
해석_ 줄리안 씨는 버스 대신 고속열차 타는 것을 고려했었다.
해설_ **consider**는 **to**부정사가 아닌 동명사를 목적어로 취하는 타
　　　동사이다.
어휘_ **Ms.** ~씨(여성을 나타낼 때 쓰임) **express train** 고속열차
정답_ **(a)**

10.
해석_ 정상회담이 서울에서 개최될 것이다.
해설_ 도시 같은 큰 장소 앞에서 사용되는 전치사는 **in**이다.
어휘_ **summit talks** 정상회담 **hold** 열다, 개최하다
정답_ **(a)**

11.
해석_ 그 직원들은 모든 과제를 제시간에 끝낼 수 없을 것 같아 보인
　　　다.
해설_ **to**부정사를 부정하기 위해서는 **to** 앞에 **not**을 붙여야 한다.
어휘_ **assignment** 작업량, 과제
정답_ **(a)**

12.
해석_ 많은 동물들이 복제양 돌리 이후에 복제되었다.
해설_ **A large number of**는 **a number of**와 같이 다수를 의미
　　　하는 수량 형용사의 역할을 해주므로 복수동사를 사용하며
　　　since가 있으므로 시제는 현재완료형을 사용한다.
어휘_ **clone** 복제하다
정답_ **(d)**

13.
해석_ **A:** 8시 30분쯤 와도 괜찮아?
　　　　B: 아니, 그땐 오지 마. TV로 게임을 볼 거야.
　　　　A: 오, 알았어. 9시 30분은 어때?
　　　　B: 좋아. 게임이 그때까진 끝날 거야.
해설_ 전치사와 부사가 문맥상에서 어색하게 사용된 것을 고르는 문
　　　제이다. **at**은 전치사로, **about**은 대략을 의미하는 부사어로
　　　사용되었다.
정답_ **(a) about at → at about**

14.
해석_ **A:** 우리는 다음 달에 스페인어 세미나를 여는 것에 대해 생각
　　　　　　중이야.
　　　　B: 정말? 하지만 우리 대부분은 그때 휴가 중일 거야. 아직 가
　　　　　　능하다면 날짜를 바꿔야 할 거야.
　　　　A: 오, 그걸 완전히 잊고 있었네. 상기시켜줘서 고마워. 그걸
　　　　　　다음 달로 옮길 수 있는지 알아 봐야겠어.
　　　　B: 그땐 내가 휴가에서 돌아올 거야. 내 고객 중 한 명이 멕시
　　　　　　코 출신이니까, 난 스페인어를 꼭 배워야해.
해설_ **next month**에 과거 시제는 어울리지 않는다.
어휘_ **remind** 상기시키다 **following month** 다가오는(다음
　　　의) 달
정답_ **(a) thought → think**

15.
해석_ **(a)** 텔레비전은 우리에게 일 년 내내 세계의 멋진 스포츠 경기
　　　들을 바로 우리의 집에 볼 수 있는 특권을 주었다. **(b)** 그러
　　　나 텔레비전 스포츠 아나운서들은 스포츠 팬들로부터 많은 즐
　　　거움을 빼앗아간다. **(c)** 마이클 조던 혹은 사라포바는 훌륭한
　　　즐거움을 제공하는 데 아무런 도움도 필요로 하지 않는다. **(d)**
　　　아나운서들은 그들의 끝도 없는, 바보 같은 수다로 그 즐거움
　　　을 망치는 데 최선을 다하고 있다.
해설_ **A or B**에서 동사는 **B**에 맞춰 단수동사를 사용해야 한다.
어휘_ **all the year round** 일 년 내내 **announcer** 아나운서
　　　chatter 수다, 재잘거림
정답_ **(c) don't → doesn't**

Chapter 12 부정사

STEP 3 BASIC PRACTICE

1.
해석_ 그 선생님은 내가 계속 공부하도록 격려해주셨다.
해설_ encourage는 'A to B' 형태로 주로 쓰여, 'A가 B하도록 격려[고무]하다'로 해석한다.
정답_ to keep

2.
해석_ 내가 처해 있는 상황을 이야기하자 부모님은 내게 약간의 돈을 빌려 주기로 약속했다.
해설_ agree는 to부정사를 목적어로 취하는 동사이다.
어휘_ agree 동의하다, 약속하다
정답_ to lend

3.
해석_ 내 꿈을 실현시키기 위해서, 나는 시간을 낭비하지 않기로 결심했다.
해설_ make는 사역동사로 원형부정사를 취한다.
정답_ come

4.
해석_ 네가 나를 도운 것은 아주 친절했다.
해설_ for 대신 of를 써서 대상을 표현할 때는 '감정' '기분' 등의 형용사가 쓰일 경우이다.
정답_ of

5.
해석_ 잭은 때로는 정시에 오는 것이 어렵다고 말했다.
해설_ it(가주어) + be + 형용사 + to부정사
정답_ to be

6.
해석_ 정부 관리들은 어떠한 정부의 계획도 보여주기를 꺼려한다.
해설_ be reluctant to + 동사원형: ~하기를 꺼려한다
어휘_ administration official 정부 고관
정답_ showing → show

7.
해석_ 그렉과 달마는 해변가를 따라서 정오부터 밤까지 걷는 것 외에 아무것도 하지 않았다.
해설_ do nothing but + 동사원형: 단지 ~할 뿐이다
어휘_ along ~을 따라서
정답_ to → but

8.
해석_ 켈리의 어머니는 그녀의 딸이 훌륭한 외과의사가 되기를 바

란다.
해설_ for는 불필요하므로 제외한다. expect + 목적어 + to부정사
어휘_ surgeon 외과의사
정답_ for 제외

9.
해석_ 나는 질을 좋아하는데, 그녀는 너무 말이 많은 경향이 있다.
해설_ tend to + 동사원형: ~하는 경향이 있다
정답_ talking → to talk

10.
해석_ 오바마는 일을 매우 잘하고 있는 것 같다.
해설_ appear 다음에는 진행형 to부정사를 취할 수 있다.
어휘_ appear ~인 것 같다
정답_ being done → to be doing

STEP 4 ACTUAL TEST

1.
해석_ A: 나는 네가 어제 저녁에 늦게까지 일하고 있다고 생각했어.
　　　B: 그럴 예정이었는데, 엄마가 갑자기 아프셨어.
해설_ 'be supposed to + 동사원형 (~하기로 되어 있다)'에서 동사원형이 생략된 대부정사 용법이다.
정답_ (c)

2.
해석_ A: 래리는 너무 게을러.
　　　B: 맞아. 그는 좀 더 열심히 일할 필요가 있어.
해설_ need는 to부정사를 목적어로 취한다. hardly는 '거의 ~않다'의 의미로 문맥상 맞지 않다.
어휘_ hardly 거의 ~ 않다
정답_ (a)

3.
해석_ A: 차를 구매할 생각이야?
　　　B: 아직 결정하지 못했어.
해설_ think of ~ing ~할 것을 생각하다
어휘_ decide 결정하다
정답_ (b)

4.
해석_ A: 내 자전거 타이어가 펑크났어. 고쳐줄 수 있니?
　　　B: 응, 하지만 지금 할 수는 없고 내일 해줄게.
해설_ 부정관사와 주어, 동사의 일치를 묻고 있다.
어휘_ flat 납작한, 평평한
정답_ (d)

5.

해석_ **A:** 저 구름들이 새까맣지, 그렇지?

B: 응, 비가 오려나 봐.

해설_ 부가의문문은 앞에 나온 동사에 부정어를 붙여주며, **those clouds**를 대신 받는 대명사는 **they**가 적합하다.

어휘_ **rain** 비가 내리다

정답_ **(c)**

6.

해석_ **A:** 우리의 실수 혹은 실패를 인정하자.

B: 그리고 나서 더 잘할 수 있도록 노력하자.

해설_ **go on** 다음에는 동명사가 와야 한다. **try to +** 동사원형 '~하기 위해 노력하다', **try -ing** 는 '시험삼아 해보다'의 의미이다.

어휘_ **admit** 인정하다

정답_ **(a)**

7.

해석_ 그는 전쟁에서 죽은 것으로 보고되었다.

해설_ 현재완료이면서 수동의 의미를 지닌 것은 **have been killed**이다.

어휘_ **report** 보고하다

정답_ **(a)**

8.

해석_ 죄를 전혀 짓지 않았다는 것은 불가능한 일이다.

해설_ 완료부정사의 부정은 'never to have + 과거분사' 혹은 'to have + never +과거분사'의 형태로 사용한다. 완료가 아닌 경우에는 'never to do'로 사용한다.

어휘_ **sin** 죄를 범하다

정답_ **(a)**

9.

해석_ 제리는 톰과 싸우지 않기 위해 그의 제안에 동의했다.

해설_ **to**부정사를 부정하기 위해서는 앞에 **not**을 붙여야 한다. '**in order to +** 동사원형'은 '~하기 위해서'의 의미이다.

어휘_ **agree** 동의하다

정답_ **(d)**

10.

해석_ 소금은 킬로그램 단위로 팔아요?

해설_ 소금이 팔려지는 것이기 때문에 수동태이고 킬로그램 단위로 팔리는 것으로 **by**가 쓰였다. 정관사 **the**를 사용함에 유의한다.

어휘_ **sell** 팔다

정답_ **(b)**

11.

해석_ 미스터 유는 한국에서 겸손하기로 유명한 최고 인기 코미디언이다.

해설_ **be known for +** 명사: ~로 알려져 있다

어휘_ **popular** 인기있는 **modesty** 겸손

정답_ **(a)**

12.

해석_ 그녀는 군중 속에서 소매치기 당했다.

해설_ 사역동사 **have** 다음에는 목적어와 목적보어가 와야 하며 목적보어에는 그녀가 당하는 입장이므로 과거분사를 써야 한다.

정답_ **(b)**

13.

해석_ **A:** 근데, 웬디, 지난 밤에 네가 갔었던 새로운 식당의 이름이 뭐야?

B: 추천하고 싶진 않지만, 그건 **Tango Tuna**야. 분위기는 괜찮지만, 음식과 서비스는 엉망이야.

A: 말해줘서 고마워. 난 우리의 새로운 고객을 거기로 모시고 가서 거래를 축하하려고 하고 있었어. 네가 생명의 은인이다.

B: 그래, 거긴 미디어에서 좋은 논평을 받고 있지만, 그건 정말 과대광고야.

해설_ 레스토랑을 대신하여 받는 어휘로 **here**(여기에)가 아닌 반의어 **there**(거기)를 써야 한다.

어휘_ **atmosphere** 분위기 **hype** 과대광고

정답_ **(c) here → there**

14.

해석_ **A:** 왜 그들은 사람을 더 고용하지 않아? 난 이 과중한 업무량 때문에 정말 고생하고 있어.

B: 회사는 언제나 비용을 줄일 방법을 찾고 있어. 하지만 일이 너무 많아.

A: 아마 매니저와 얘기해봐야겠어.

B: 나도 동의해. 수요일 미팅에서 이 안건을 꺼내자.

해설_ **Why don't**는 제안을 나타내는 표현으로 주어와 동사를 바로 사용한다. 줄여서 **why not**으로 사용하기도 한다.

어휘_ **overstretched** 심하게 당기다, 추진하다 **cost** 비용

정답_ **(a) did 삭제**

15.

해석_ **(a)** 예술의 일반이론의 목적은 모든 미적인 특징을 설명하는 것이다. **(b)** 그리고 모든 미적 특징은 예술작품의 어딘가에서 발견된다. **(c)** 하지만 현대 이전의 미술의 일반이론은 주로 회화와 조각에 집중했었다. **(d)** 현대 이전의 모든 일반 예술이론은 음악의 미적 특징을 설명하는데 실패했다.

해설_ **feature**이 발견되어지는 대상이므로 수동태로 사용하는 것이 올바른 표현이다.

어휘_ **theory** 이론 **aesthetic** 미적

정답_ **(b) feature found → feature is found**

Chapter 13 형용사

STEP 3 BASIC PRACTICE

1.
해석_ 대통령이 마침내 오후 11시경에 살아 있는 상태로 발견되었다.
해설_ 모두 형용사의 역할을 하고 있으나 보어 자리에서 서술적 용법으로 쓰일 수 있는 것은 **alive**이다.
정답_ **alive**

2.
해석_ 영화에서 많은 노인을 보는 것은 매우 놀라웠다.
해설_ 보는 대상이 흥미로운 것이기 때문에 **surprising**이 사용된다.
정답_ **surprising**

3.
해석_ 우리는 크고 오래된 석조건물을 보았다.
해설_ 여러 가지 용도의 형용사가 사용될 때, 한정(관사포함) + 지시 + 수량 + 대소 + 성질 + 신.구 + 색 + 재료 순으로 나열한다.
정답_ **large old**

4.
해석_ 그녀가 나를 사랑할 가능성은 거의 없다.
해설_ 불가산명사 **hope**는 **little**을 써서 '거의 없는'의 의미로 사용된다.
정답_ **little**

5.
해석_ 목격자의 증언은 배심원단에 제출하기에는 신뢰성이 약했다.
해설_ '신뢰할 만큼 충분한'의 뜻으로 사용되어야 하므로 **enough**가 쓰인다.
어휘_ **testimony** 증언 **reliable** 신뢰할 만한
정답_ **reliable enough**

6.
해석_ 그들은 2~3년간 이 프로젝트의 파트너였다.
해설_ 'a couple of + 복수'로 쓰여야 적절하다.
정답_ **year → years**

7.
해석_ 레이저가 처음 발견되었을 때, 그것이 우리에게 엄청난 혜택을 가져져 줄 것이라고 생각했던 사람들은 별로 없었다.
해설_ 셀 수 있는 명사 앞에 수량형용사는 **much**가 아닌 **many**가 알맞다.
정답_ **much → many**

8.
해석_ 많은 구매자들이 그 와인에 관심을 나타냈다.
해설_ **not a few = many** +가산명사 (복수)

정답_ **little → few**

9.
해석_ 달마는 벌써 9장을 읽고 있었다.
해설_ **the** +서수 + 명사 = 명사 + 기수
정답_ **ninth → nine**

10.
해석_ 그렉은 저술을 많이 하지 않았다고 말했다.
해설_ 불가산명사는 **many**가 아닌 **much**가 수식한다.
어휘_ **writing** 저술
정답_ **many → much**

STEP 4 ACTUAL TEST

1.
해석_ **A:** 브랜다가 들고 다니는 것은 뭐였니?
　　　B: 그녀는 아름답고 작은 악어가죽 핸드백을 들고 있었어.
해설_ 성질 형용사는 대/소 · 형상 · 성질/형태 · 신/구, 노/소 · 색채 · 국적, 재료 +명사의 순서가 된다.
어휘_ **crocodile** 악어
정답_ **(c)**

2.
해석_ **A:** 너는 내가 그 사고에 책임이 있다고 생각하니?
　　　B: 너 아니면 제인이 그 사고에 책임이 있다고 생각해.
해설_ **responsible for** ~에 대한 책임이 있는 **either A or B**에서 동사는 **B**에 맞춘다.
어휘_ **responsible for** ~에 책임이 있는
정답_ **(b)**

3.
해석_ **A:** 왜 제인이 화가 나 있지?
　　　B: 제인이 사온 옷이 그녀에게 잘 맞지 않아.
해설_ **the dress**를 받는 관계대명사 **that**이 와야 한다.
어휘_ **fit** (의복 등이) 잘 어울리다
정답_ **(b)**

4.
해석_ **A:** 와, 이 책 모두 네 거니?
　　　B: 아니, 이 집에 있는 책은 무엇이든지 간에 공공 도서관에서 빌려 온 거야.
해설_ **books**와 수 일치시켜야 하며 책은 **borrow**의 주체가 아닌 대상이므로 수동태로 써야 한다.
정답_ **(a)**

5.
해석_ **A:** 왜 사람들이 그 고속도로를 사용하지 않나요?
　　　B: 사고가 난 이후로, 운전자들은 우회로를 이용하고 있어요.

해설_ B의 대답에 사람들이 고속도로를 이용하지 않는 이유가 나왔으므로 Since가 적당하다.

어휘_ **highway** 고속도로 **detour** 우회로

정답_ **(d)**

6.

해석_ A: 너 저스틴이랑 친구지?
　　 B: 응. 저스틴은 내게 충고를 해줄 뿐 아니라 내 일을 도와주기도 하는 진정한 친구야.

해설_ **B as well as A** 구문으로 A와 B는 병렬 구조를 이룬다.

정답_ **(a)**

7.

해석_ 이것은 Tom과 Mary의 집이다.

해설_ 소유격의 수와 명사의 수는 일치한다. 동사가 단수이므로 이에 일치하는 소유격을 선택한다.

정답_ **(a)**

8.

해석_ 그는 정치를 하고자 한다는 사실을 그의 아내에게 알렸다.

해설_ 사역동사 **make**의 목적보어가 와야 하는데 **it**이 목적보어와 수동의 관계이므로 과거분사를 사용한다.

정답_ **(a)**

9.

해석_ 유럽 사람들과 달리, 많은 미국인들은 매일 아침 식사로 베이컨과 달걀을 먹는 데에 익숙하다.

해설_ '**used to + 동사원형**'은 습관, '**be used to -ing**'는 '익숙하다'는 표현이다.

정답_ **(b)**

10.

해석_ 어제, 한 노인은 대통령과 별로 중요하지 않은 문제에 대해 한참 동안 이야기를 했다.

해설_ 과거 표시 부사구 **yesterday**가 있으니 과거가 나와야 한다.

정답_ **(c)**

11.

해석_ 그렉은 자신의 고등학교 친구가 부사장으로 승진됐다는 말을 듣고 화가 났다.

해설_ 그의 친구들 중 한 명이 승진된 것이므로 소유대명사인 **his**가 쓰여야 한다.

어휘_ **vice-president** 부사장

정답_ **(a)**

12.

해석_ 후손들에게 더 좋은 환경을 남겨주기 위해서 우리는 오염을 멈춰야 한다.

해설_ **stop -ing:** ~하는 것을 그만두다

어휘_ **offspring** 자손, 자녀 **pollute** 오염시키다

정답_ **(a)**

13.

해석_ A: 오, 안 돼, 비가 또 오다니 믿을 수 없어. 이건 새로 산 스웨터인데. 망가질 거야.
　　 B: 아니, 괜찮을 거야. 걱정하지 마, 제니스. 나 우산 있어. 저쪽에 있는 가게까지 걸어가자.
　　 A: 걸어서? 아, 코너에 있는 거?
　　 B: 어, 그곳에 싼 우산들이 있어.

해설_ 망가지는 것은 스웨터의 입장에서는 수동적으로 망가짐을 당하는 것으로 보아야 한다. 따라서 **ruined**가 되어야 한다.

정답_ **(a) ruin → ruined**

14.

해석_ **(a)** 문학 작품의 의미는 고정되어 있는 것이 아니라 변화될 수 있다. **(b)** 그러므로 공평하게 유효한 해석이 제공될 수 있다. **(c)** 해석이란 문학 작품에서 의미를 찾아내기보다는 부여하는 일이다. **(d)** 그러므로 해석은 작가의 의도를 고려할 필요가 없다.

해설_ **A rather than B**에서 A와 B는 병렬 구조를 이루고 있어야 한다.

정답_ **(c) discovered → discovering**

15.

해석_ **(a)** 중학생들과 고등학생들이 교복을 입고 있는 것을 보면 재미있다. **(b)** 학교에 따라 약간의 차이가 있지만 개인들은 의복에서 서로 크게 다르지 않게 보인다. **(c)** Mr. Kim은 그것이 사람들로 하여금 개성을 발전시키지 못하게 한다고 생각하고 교복을 입는 것이 중지되길 바란다고 말한다. **(d)** 그러나 그것이 빈부의 격차를 드러내지 않는 좋은 방법이라는 사실과 같이 교복에도 물론 좋은 점이 많다.

해설_ 동명사는 부정어 **not**을 앞에 붙여 준다.

정답_ **(d) showing not → not showing**

Part IV
수식어구

Chapter 14 부사

STEP 3 BASIC PRACTICE

1.
해석_ 그렉은 TV를 거의 보지 않는다.
해설_ hardly는 rarely와 같이 '거의 ~않다'는 뜻으로 쓰이는 부사이다.
어휘_ hard 어려운 hardly 거의 ~않는
정답_ hardly

2.
해석_ 이상하게도 그는 나쁜 성적을 받았다.
해설_ 문장 앞에 와서 문장 전체를 수식할 수 있는 것은 부사이다.
정답_ Strangely

3.
해석_ 이 매운 고추는 너무 매워서 너의 목이 거의 따가울 정도이다.
해설_ most 형용사(대부분의), the most 부사(가장), almost 부사(거의)를 구분할 수 있는지를 묻는 문제이다.
정답_ almost

4.
해석_ 그렉은 동료들이 집에 간 후에 사무실을 청소했다.
해설_ home은 앞에 전치사를 붙일 필요가 없다는 점에 주의한다.
어휘_ colleague 동료
정답_ home

5.
해석_ 판매 계획은 최근에 완성된 리서치 자료에 따라서 개발될 것이다.
해설_ completed를 수식하려면 부사가 와야 한다.
어휘_ complete 완성하다, 완수하다
정답_ recently

6.
해석_ 나의 할머니는 영국에 사신 지 십 년이 지났지만 여전히 영어를 못 하신다.
해설_ still과 같은 빈도부사는 조동사 뒤에, 본동사 앞에 써준다.
어휘_ still 여전히
정답_ speak still → still speak

7.
해석_ 이런 유형의 어깨 부상은 거의 수술을 필요로 하지 않는다.
해설_ 부사는 본동사 앞에 위치한다.
어휘_ injury 부상
정답_ requires rarely → rarely requires

8.
해석_ 응답자의 41%가 때때로 일에 늦는다고 말했다.
해설_ 빈도부사는 be동사 뒤에 위치한다.
어휘_ respondent (여론조사) 응답자
정답_ sometimes were → were sometimes

9.
해석_ 우리는 한 시간 늦게 도착했다.
해설_ late는 '늦게'의 의미이고, lately는 '최근에'의 의미이다.
어휘_ late
정답_ lately → late

10.
해석_ 당신께 즉시 갈 것입니다.
해설_ directly 즉시 direct 직접
정답_ direct → directly

STEP 4 ACTUAL TEST

1.
해석_ A: 유리는 국제 정세에 매우 관심이 많았어.
　　　B: 나도 그랬어.
해설_ 긍정문에 대한 동감을 표시할 때는 'so+동사+주어'를 쓰며, 동사는 앞에서 나온 동사가 be동사인 경우에는 be동사를, 일반동사인 경우는 do동사를 주어와 시제와 인칭에 맞게 써야 한다.
어휘_ keen 예민한, 날카로운
정답_ (c)

2.
해석_ A: 방학 때 어디 갔었니?
　　　B: 우리는 독특하고 오래된 영국 마을을 방문했어.
해설_ 성질 형용사는 대·소 → 형상 → 성질·형태 → 신·구, 노·소→색채 → 국적, 재료 → 명사의 순서로 쓰인다.
어휘_ quaint 기이한
정답_ (b)

3.
해석_ A: 나는 Jill이 왜 회의에 못 나왔는지 궁금하다.
　　　B: 그녀는 그것에 대해 몰랐을 것이다.
해설_ 추측을 나타내는 조동사 might에 부정어를 써주는 것이 문맥상 적합하다.
정답_ (d)

4.

해석_ A: 다음 주에 있을 시험이 정말 걱정돼.

　　B: 걱정마, 탐. 너는 합격할 거야.

해설_ be worried about: ~에 대해 걱정하다

정답_ (c)

5.

해석_ A: 조지 소식 들었어?

　　B: 아니, 그는 최근에 나에게 편지 쓴 적이 없어.

해설_ written by me는 '나에 의해 쓰여진'으로 수동태의 경우 사용되고, 여기서는 '나에게 써준 적이 없다'이기 때문에 written to me가 쓰였다. 또한 '최근'의 의미로 lately가 사용되어야 한다.

정답_ (b)

6.

해석_ A: 넌 집에 어떻게 갔어?

　　B: 역에서 집까지 걸어갔어.

해설_ home은 전치사 to를 필요로 하지 않는다. walk from은 '~에서부터 걷다'의 의미이다.

어휘_ station 역

정답_ (b)

7.

해석_ 은퇴 파티에 올 거지, 그렇지?

해설_ 부가의문문의 형태를 묻는 문제이다. 주절의 동사는 '부정어구 + 주어' 순서로 써준다.

어휘_ retirement 은퇴

정답_ (c)

8.

해석_ 네가 내일 열릴 파티 준비를 끝냈을 때, 극장에서 우리랑 같이 만나자.

해설_ 앞의 finish와 어울리기 위해서는 doing이 되어야 한다.

어휘_ preparation 준비

정답_ (c)

9.

해석_ 불순물이 섞이지 않은 나프타는 불꽃에 노출되면 폭발성이 높다.

해설_ 'Pure naphtha is highly explosive if it is exposed to an open flame.'에서 주절의 주어와 같으므로 불필요한 주어(it)와 is가 생략되어 과거분사인 exposed가 남는다.

어휘_ explosive 폭발하는 flame 불꽃; 타오르다 expose 노출시키다

정답_ (d)

10.

해석_ 엄격하게 말해서, 그는 명성에 걸맞은 사람이 아니다.

해설_ 독립분사구문인 '엄격히 말해서'의 의미를 찾는다.

어휘_ strictly 엄격하게

정답_ (c)

11.

해석_ 달리기는 건강을 유지하는 가장 일반적인 방법이다.

해설_ '가장 널리 사용되는'의 의미가 되어야 하므로 '부사 + 형용사'의 어순이 되어야 한다. 그리고 '사용되어지다'의 수동적 의미를 가지는 분사가 와야 하기에 과거분사가 적합하다.

어휘_ method 방법

정답_ (c)

12.

해석_ 켈리는 프로선수처럼 테니스를 친다.

해설_ 'like + 명사'로 '~ 같은'의 의미로 사용된다.

어휘_ professional 프로의, 전문적인

정답_ (a)

13.

해석_ A: 이 프로젝트에 대해서 알 필요가 없는 사람에게는 아무에게도 말하지 말자. 우리끼리만 아는 비밀로 해야 해.

　　B: 나도 동의해. 우리는 어떤 경쟁자가 이 일을 망치는 것을 원치 않아.

　　A: 맞아. 화요일 오후에 다시 만나서 이 프로젝트를 착수하는 계획에 대해 토의하는 것이 어때?

　　B: 그래. 나도 연휴 시즌에 맞춰 이 상품을 출시할 수 있기를 바라.

해설_ '우리 자신에게만 알리다'라는 의미에 알맞게 사용하려면 목적격대명사가 아닌 재귀대명사를 써야 한다.

어휘_ rip 찢다, 쪼개다, 망치다 get off the ground 실행에 옮기다

정답_ (a) us → ourselves

14.

해석_ A: 일단 알렌이 떠나면 우리는 대체할 사람에 대해 생각해야 할 거야.

　　B: 넌 그 직업소개소를 다시 이용하고 싶어 아니면, 우리가 광고해야 한다고 생각해?

　　A: 흠... 우리는 소개소에서 지난번에 보냈던 사람 같은 사람을 또 원치 않아. 그는 끔찍했어! 난 우리가 광고해야 한다고 생각해.

　　B: 나도 그래. 내가 적절한 신문과 잡지의 목록을 뽑아서 그들의 요금을 확인할게.

해설_ newspapers와 journals를 받는 대명사로 their를 써야 한다.

어휘_ advertise 광고하다 suitable 적절한

정답_ (d) its → their

15.

해석_ **(a)** 모든 형태의 예술은 모든 사람에게 유익하다. **(b)** 예술이란 느껴지고, 즐겨지며 경험되어진다. **(c)** 예술 감상은 다른 사람들과 세상에 대한 깊은 이해와 행복감을 낳는다. **(d)** 예술은 우리의 영혼을 풍요롭게 한다.

해설_ 병렬 구조에 맞게 들어가야 하므로 과거분사가 들어가야 적절하다.

어휘_ appreciation 감상 enrich 풍요롭게 하다

정답_ **(b)** experiencing → experienced

Chapter 15 전치사

STEP 3 BASIC PRACTICE

1.

해석_ 극장에서 그녀는 바로 내 앞에 앉아 있었다.

해설_ **before**는 주로 시간의 경우에 사용하며 장소를 뜻하는 경우에는 **in front of**를 사용한다.

어휘_ **in front of** ~의 앞에

정답_ **in front of**

2.

해석_ 많은 사람들은 가솔린 가격의 상승에도 불구하고 큰 차를 선호한다.

해설_ **despite** 뒤에는 명사, **though** 뒤에는 절이 들어가야 한다.

어휘_ **though** ~에도 불구하고

정답_ **despite**

3.

해석_ 그는 빵을 훔친 후 필사적으로 도망쳤다.

해설_ 도망친 것은 빵을 훔친 후의 일이다.

정답_ **After**

4.

해석_ 김씨는 빠듯한 스케줄 때문에 이번 주 동안 공장을 방문하지 못할 것이다.

해설_ 빠듯한 스케줄은 공장을 방문하지 못하는 이유이다.

어휘_ **tight** 빠듯한

정답_ **Because of**

5.

해석_ 이것들과 다른 주문들에 대한 상세한 정보가 필요하시면 당사의 홈페이지를 방문하세요.

해설_ '~에 대한' 이란 의미이므로 **about**이 적절하다.

정답_ **about**

6.

해석_ 입이 꽉 찬 상태로 말하지 마라.

해설_ '~한 채' 라는 의미로는 전치사 **with**를 쓴다.

정답_ **to → with**

7.

해석_ 미국에서 예술가가 기술이나 과학에 반기를 들면 그는 마음밖에는 의지할 곳이 없다.

해설_ **but**은 **except**의 의미로 쓰였다.

어휘_ **rebel** 반역하다

정답_ **and → but**

8.

해석_ 번개는 적절한 온도에 도달한 증기의 마찰에 의해 유발된다.

해설_ 전치사가 바뀌어 사용되었다.

어휘_ **friction** 마찰

정답_ **at → by, by → at**

9.

해석_ 지금 제시되고 있는 새로운 과학적 가설은 때가 되면 실증되든 지 오류로 증명되든지 할 것이다.

해설_ 문맥상 '일정 기간이 지나면서'의 의미이다.

어휘_ **in time** 시간 내에 **on time** 정시에

정답_ **on → over**

10.

해석_ 이집트인들의 옷은 보통 굵은 것에서 가는 것에 이르는 다양한 리넨천으로 만들어졌다.

해설_ **be made of ~** '~로 만들어지다'가 적절하다.

어휘_ **coarse** (올이) 굵은 **texture** 직물

정답_ **with → of**

STEP 4 ACTUAL TEST

1.

해석_ **A:** Ann에 대해 들어본 적 있어?

B: 그녀는 그녀의 집을 짓고 있대.

해설_ '~에 관하여'의 의미를 지닌 전치사 **about**이 적합하다.

어휘_ **heard about** ~에 관해 듣다

정답_ **(a)**

2.

해석_ **A:** 보고서 읽어 봤어?

B: 보고서를 읽어 봤지만, 아직 확신이 없어.

해설_ 빈도부사 **still**의 위치는 **be**동사 뒤 일반동사 앞이다. 내가 확 신의 감정을 느끼는 것이므로 과거분사가 적절하다.

어휘_ **convince** 확신하다

정답_ **(b)**

3.

해석_ **A:** 미국 식당에서 제공되는 중국음식을 좋아하세요?

B: 나쁘진 않아요. 하지만 정통 중국음식이 더 좋아요.

해설_ 본질에 가까울수록, 밀접한 말일수록 명사에 근접하기 때문에 '일반형용사 + 국적형용사 + 명사'의 순서가 되어야 한다.

정답_ **(d)**

4.

해석_ **A:** 넌 그녀의 집이 좋아?

B: 응, 그녀의 집에는 내가 지금껏 본 것 중 가장 아름다운 고 풍의 나무 바닥이 깔려 있어.

해설_ 성질 형용사는 대/소 · 형상 · 성질/형태 · 신/구, 노/소 · 색

채 · 국적, 재료 **+** 명사 순으로 들어가야 한다.

어휘_ **old-fashioned** 고풍의

정답_ **(a)**

5.

해석_ **A:** Ann, 우리 소금이 없어.

B: 오, 없어? 내가 가게에서 좀 사올게.

해설_ **get from ~:** ~로부터 구하다(사다)

정답_ **(a)**

6.

해석_ **A:** Amy 어디 있어?

B: 그녀는 휴가 중이야. 이탈리아로 갔어.

해설_ '휴가 중'의 경우에는 **on**을 사용한다.

정답_ **(a)**

7.

해석_ 판매사원은 냉장고가 3시간 안에 배달될 것을 약속했다.

해설_ '**in** + 시간'은 '~안의' 의미로 3시간 안에 배달이 될 것을 의 미한다.

어휘_ **refrigerator** 냉장고

정답_ **(a)**

8.

해석_ 그 기계는 이제 의사들에게 매우 익숙하다.

해설_ **be familiar to** + 사람: ~에게 익숙하다

어휘_ **familiar** 익숙한, 친숙한

정답_ **(a)**

9.

해석_ 그녀는 너무 조용하고 소극적이라서 더 이상 그녀와 데이트하 고 싶지 않다.

해설_ **would rather** ~하는 편이 낫다, ~하고 싶다, **would rather**는 준조동사이다. 그러므로 다음에 동사원형이 온다. 이때 부정의 의미일 경우는 'would rather not + 동사원 형'이 된다.

정답_ **(b)**

10.

해석_ 나는 그녀가 어디 출신인지 모른다.

해설_ 간접의문문의 어순을 묻는 문제이다. 간접의문문은 '주어+동 사' 어순이 바뀌지 않는다.

정답_ **(b)**

11.

해석_ **Ms. Miranda**는 자기가 휴가에서 돌아올 때까지 모든 일이 마무리돼 있기를 원한다고 말했다.

해설_ **by the time** '~할 때 즈음에', 기한을 나타내주는 **by the time**이 문맥상 적절하다

어휘_ **come back** 돌아오다

정답_ **(b)**

12.

해석_ 두 슬로건을 비교합시다. 둘 다 우리가 초콜릿 제품에 대해 중독성 있는 식품이라기보다는 몸에 좋은 식품이라고 생각하게 할 것입니다.

해설_ 두 개의 문장을 이어주기에 관계사가 들어올 자리이고 뒤 문장의 동사가 **tries**가 아니라 **try**이기 때문에 주어는 복수가 되어야 한다.

어휘_ **slogan** 광고 문구   **indulgence** 중독성

정답_ **(a)**

13.

해석_ A: 실례합니다.

   B: 예. 무엇을 도와드릴까요?

   A: 필름을 현상하려고 하는데요.

   B: 네, 내일 아침까지 가능합니다.

해설_ 필름이 현상되어지는 것이므로, '현상하다'의 **develop**이 수동의 형태로 쓰여야 한다.

어휘_ **develop** (필름을) 현상하다

정답_ **(c) develop → be developed**

14.

해석_ A: 아더, 이제 계산해야지.

   B: 네가 사야 한다고 생각하지 않아?

   A: 뭐? 네가 스테이크 다 태웠잖아. 안 그래?

   B: 맞아, 하지만 나 곧 빈털터리야. 월급날도 멀었고.

해설_ '거의 ~하다'의 의미로 **nearly**가 쓰여야 한다.

어휘_ **burn** 태우다

정답_ **(c) near → nearly**

15.

해석_ (a) 자동차는 능력의 시험대이다. (b) 운전은 극복할 도전을 나타낸다. (c) 당신의 행동을 기다리고 당신이 숙련되고 필요한 사람임을 증명하는 사소한 결정들은 연이어 발생한다. (d) 그러므로 운전면허를 얻는 것이 성인 세계로 가는 통과의례가 되는 것은 당연한 일이다.

해설_ 동명사 주어는 단수동사를 사용한다.

어휘_ **await** 기다리다   **certify** 증명하다   **rite** 의식, 관례   **passage** 통과

정답_ **(d) have → has**

Chapter 16 현재분사, 과거분사

STEP 3 BASIC PRACTICE

1.

해석_ 서커스단의 동물들은 몇 가지 재미있는 기술들을 보여줬다.

해설_ 감정동사인 **amuse**의 주어가 **trick**이기에 **amusing**이 되어야 한다.

정답_ **amusing**

2.

해석_ 우리가 피곤하고 지루하거나 혹은 답답한 방 안에 앉아 있다면, 우리는 평소보다 느리게 숨쉬는 경향이 있다.

해설_ '지루해졌다'는 의미이므로 **bored**가 되어야 한다.

정답_ **bored**

3.

해석_ 이유는 그 소년이 바퀴가 도는 것을 보는 것을 매우 좋아하기 때문이다.

해설_ 사람이 주어로서 '기쁨을 느낀 것'이기에 **pleased**가 적절하다.

어휘_ **please** 기쁘게 하다

정답_ **pleased**

4.

해석_ 그의 말은 인정하겠지만 그가 친구들을 위해 자신을 희생시킬 것 같지는 않다.

해설_ 주어인 **I**가 '받아들이는' 주체가 되는 것이 문맥상 알맞으므로, **Accepting**을 써주어야 한다.

어휘_ **accept** 받아들이다

정답_ **Accepting**

5.

해석_ 우리의 새로운 식단은 한 끼당 150칼로리밖에 안 되는 만족스러운 식사를 제공한다.

해설_ 감정을 나타내는 경우 대상이 사람이면 과거분사, 사람외에는 현재분사 형태를 쓴다.

어휘_ **provide** 제공하다

정답_ **satisfying**

6.

해석_ 그녀는 나를 너무 짜증나게 만들어서 나는 그녀에게 소리치고 싶었다.

해설_ 자기가 짜증이 난 것이기 때문에 **annoying**은 **annoyed**가 되어야 한다.

어휘_ **annoy** 짜증나게 하다, 괴롭히다

정답_ **annoying → annoyed**

7.

해석_ 지난 해 이맘때와 비교해 보면 생필품의 가격이 올라갔다.

해설_ 주어가 prices이므로 '비교가 되어진 것'이라고 보아야 한다.

어휘_ commodities 생필품

정답_ Comparing → Compared

8.

해석_ 만약 네가 집중하고자 한다면, 시끄러운 음악은 정신을 매우 산만하게 만들 수 있다.

해설_ 음악은 마음을 산만하게 만드는 주체이기 때문에 수동이 아닌 능동으로 쓰여야 한다.

어휘_ concentrate 집중하다 distract 산만하게 하다

정답_ distracted → distracting

9.

해석_ 도둑은 경찰을 보고 도망쳤다.

해설_ the thief가 경찰관을 목격한 것이므로 수동태를 사용해서는 안 된다.

어휘_ thief 도둑

정답_ Seen → Seeing

10.

해석_ 그의 연설은 너무 지루해서 많은 관객이 참을 수 없었다.

해설_ 그의 연설이 지루한 것이므로 수동의 형태가 아닌 능동의 형태로 쓰여야 한다. 만약 사람이 지루함을 느끼는 경우 수동의 형태로 bored가 쓰여야 한다.

어휘_ audience 청중

정답_ bored → boring

STEP 4 ACTUAL TEST

1.

해석_ A: 그 뉴스 들었어?

　　　 B: 난 그 뉴스에 매우 기뻤어.

해설_ 질문이 과거이므로 과거이면서 수동의 의미를 나타내는 것을 고른다.

정답_ (b)

2.

해석_ A: 우리는 매우 붐비는 극장에서 영화를 봤다.

　　　 B: 그리고 그것은 유쾌한 경험이 아니었다.

해설_ '붐비는 영화관'에서 영화관이 사람들에 의해 붐벼지는 대상이므로 '붐벼지는'의 의미인 crowded가 쓰였다.

어휘_ crowded 붐비는

정답_ (a)

3.

해석_ A: 그들은 그 계획에 대해 어떻게 생각했니?

　　　 B: 모두들 너무나 만족해했고, 그것에 대해 흥분했어.

해설_ 감정이나 상태를 나타내는 동사들은 '사람주어 + be동사' 뒤에 오면 과거분사형을 사용한다.

정답_ (c)

4.

해석_ A: 왜 그가 길에서 우리를 지나칠 때 인사하지 않았어?

　　　 B: 그는 아마도 공상에 젖어 있었을 거야.

해설_ 가정법 과거완료 진행형으로 '~하고 있었을 것이다'의 의미로 'might have been'이 사용된다.

어휘_ daydream 공상하다

정답_ (a)

5.

해석_ A: 누가 그에게 진실을 말할 수 있겠니?

　　　 B: 그가 내일 집에 돌아올 때 내가 말할게.

해설_ 시간을 나타내는 부사절에서는 미래형을 쓸 수 없다는 것에 주의한다. 여기서는 미래의 일을 현재시제로 표현한다.

어휘_ truth 진실

정답_ (c)

6.

해석_ A: 왜 콘서트에 가지 않았니?

　　　 B: 표를 잃어버렸어.

해설_ Why didn't you~?는 '왜 ~을 안 했냐?'라고 묻는 부정의 문문이다. 어순은 '의문사 + 조동사 + 주어 + 동사'이다.

정답_ (b)

7.

해석_ 판결에 화난 원고는 급히 법정을 떠났다.

해설_ anger는 '화를 나게 하다'는 뜻으로 자신이 화를 내게 하는 것이 아니라 (남에 의해서) 화가 났다'는 의미이므로 angered가 적절하다.

어휘_ plaintiff 원고

정답_ (a)

8.

해석_ 절반이 넘는 사람이 때때로 온라인상으로 위협을 느낀다고 말했다.

해설_ 감정이나 상태를 나타내는 경우에는 '사람주어 + feel' 뒤에 과거분사를 사용한다.

어휘_ threaten 위협하다

정답_ (a)

9.

해석_ 그 은행은 악화되는 경제 상황 때문에 직원의 숫자를 줄여야 한다.

해설_ economic situation이라는 명사 앞에 놓인 것이니 형용사가 되어야 한다. 형용사 역할을 할 것은 분사밖에 없다.

어휘_ economic 경제적인

정답_ (b)

10.
해석_ 폭동에 가담하였던 사람들의 이름은 아직 비밀로 되어 있었다.
해설_ remain은 명사나 형용사를 보어로 취한다.
정답_ (b)

11.
해석_ 내가 떠나기 전에, 그녀가 주스 한 컵을 내게 주었다.
해설_ 내가 제공받은 것이므로 수동태 문장을 사용하며, 종속절의 시제가 과거이므로 과거시제를 사용한다.
정답_ (a)

12.
해석_ 그녀는 우리들 중 그 누구에게도 애정을 느끼지 못했다고 설명했다.
해설_ explain은 4형식 같아 보이는 3형식 동사이다.
정답_ (c)

13.
해석_ A: 안녕. 도와줄까?
　　　B: 응. 운전하고 있는데, 내 차가 멈춰버렸어. 다시 시동을 걸 수가 없네.
　　　A: 아마 기름이 다 떨어졌을 거야.
　　　B: 그럴 리가 없어. 어젯밤에 연료를 가득 채웠고 그리 많이 몰지도 않았거든.
해설_ get ~ started ~의 시동을 걸다
정답_ (b) starting → started

14.
해석_ (a) 나는 TV 없는 삶을 생각할 수 없다. (b) 나는 TV 앞에서 내 생애의 20,000여 시간을 보냈다. (c) 나와 동시대를 보낸 모두가 그렇게 많이 보지는 않았지만, 많은 사람들이 그만큼은 보았으며, 더구나 우리는 동일한 프로그램과 동일한 광고를 보았다. (d) 그래서 우리 세대는 엄청난 양의 경험을 공유하고 있다.
해설_ barely는 부정어를 포함한 부사어로 not은 불필요하다.
어휘_ barely 거의 ~않다　contemporary 동시대의(사람)
정답_ (a) can not → can

15.
해석_ (a) 존은 휴가 갈 때를 제외하면 매주 5일을 일한다. (b) 그는 주중에 4일은 보험회사에서 일한다. (c) 금요일에는 그는 대장장이로 일한다. (d) 그러므로 그는 보험회사에서 지난주 월, 화, 수, 목요일을 일했을 것이다.
해설_ 요일 앞에는 전치사 on을 써야 한다.
정답_ (d) in Monday → on Monday

Chapter 17 비교급

1.
해석_ John은 반에서 두 번째로 키 큰 아이이다.
해설_ '최상급 + in 장소' 형 비교이다. in class를 보면 빈칸에 최상급이 와야 한다는 것을 알 수 있다.
정답_ tallest

2.
해석_ 한국의 인구는 필리핀의 인구보다 매우 많다.
해설_ The population은 단수이므로 지시대명사 that으로 받고, much는 비교급(bigger)을 강조한다.
정답_ bigger

3.
해석_ 그녀는 나보다 세 살이 많다.
해설_ 라틴어의 비교급(senior, junior, superior, inferior)은 뒤에 to를 쓰며 목적격이 온다.
정답_ senior

4.
해석_ 시험에서, 그들의 농산품은 슈퍼마켓의 채소보다 매우 우수했다.
해설_ superior처럼 -or로 끝나는 형용사의 비교급은 than 대신 to를 쓴다.
어휘_ superior 더 우수한
정답_ to

5.
해석_ Frank Wright는 동료들에게 현대의 모든 과학자 중 최고로서 갈채를 받았다.
해설_ 최상급은 제한된 전체 중에서 최고를 말하므로 great의 최상급인 greatest가 맞다.
어휘_ acclaim 갈채를 보내다
정답_ greatest

6.
해석_ 산양은 화씨 영하 50도만큼의 겨울 온도를 견디어낼 수 있다.
해설_ '50도만큼 아래인' 의 의미가 되어야 하므로 아래를 나타내는 low를 넣어야 한다.
정답_ much → low

7.
해석_ 둘 중에서 그녀가 더 어리다.
해설_ 두 명의 대상 중에 더 어리다는 뜻이므로 비교급을 사용한다.
정답_ youngest → younger

8.

해석_ 이 강은 그 강보다 두 배나 길다.

해설_ 배수는 **twice, three times** ~ 형태로 써야 한다.

어휘_second 두 번째의

정답_second → **twice**

9.

해석_ 그는 우리 팀에서 단연 최고의 선수이다.

해설_ 강조의 **much**를 쓰려면 **much the best**로 써야 한다.

정답_much → **very**

10.

해석_ 그녀는 실제 나이보다 훨씬 젊어 보인다.

해설_ 비교급 수식어구를 사용한다.

정답_very → **much**

STEP 4 ACTUAL TEST

1.

해석_A: 도와드릴까요?

B: 아니오, 그냥 둘러보는 중입니다. **Ted**, 이 모델 좀 봐. 난 색깔과 디자인이 좋아. 무엇보다도 이건 내가 지금 갖고 있는 것보다 기능이 더 많아.

해설_ 비교급은 **more than**의 형태로 쓰인다.

어휘_function 기능

정답_(a)

2.

해석_A: 나에게 좀 더 저렴한 것들을 보여 줄 수 있어요?

B: 물론이죠, 제가 다른 모델을 찾아볼게요.

해설_ '조금 더 싼'의 의미로 **little less**가 적절하다.

정답_(a)

3.

해석_A: 그거 나한테 설명해 줄 수 있어?

B: 몰라. 난 선생님의 설명을 들은 뒤에 전보다 더 혼란스러워졌어.

해설_ 비교급 **more than**과 감정을 나타내는 동사가 '사람 + 과거분사'의 형태로 쓰인 것이다.

어휘_confuse 혼란스럽게 하다

정답_(a)

4.

해석_A: Mr. 김, 당신의 솔직한 의견을 듣고 싶습니다.

B: 당신은 진정으로 내가 그것에 대해서 어떻게 생각하는지 알고 싶습니까?

해설_ 간접의문문의 어순은 바뀌지 않으며, 의문사 **what**이 적합하다.

정답_(a)

5.

해석_A: 그린 씨에게 편지 쓰는 일을 잊지 말게.

B: 물론 잊지 않을게요.

해설_ 부정의 답을 할 때는 당연히 **No**가 되며 **Yes**는 쓸 수 없다.

정답_(a)

6.

해석_A: 네 차 어떻게 된 거야?

B: 왜 그렇게 됐는지 잘 모르겠어... 내가 기억하는 건 내 집 앞에 주차해 놓은 일 밖엔 없는데.

해설_happened의 주어가 필요하므로 의문대명사가 와야 한다. **(c)**번의 **whatever**는 문맥상 옳지 않다.

정답_(a)

7.

해석_ 나 외에 2명의 내 친구들은 제퍼소니언 박물관에 들어가도록 허가받았다.

해설_ 나를 포함한 두 명의 친구가 더 있기 때문에 '이외에'의 의미인 **besides**가 쓰였고 **beside**는 '~의 옆에'의 의미를 가진다.

어휘_besides ~ 이외에

정답_(c)

8.

해석_ 우리의 새로운 다이어트 음료는 0칼로리의 만족스러운 식사를 제공한다.

해설_meal을 수식해주어야 하므로 **satisfied**(만족스러운)를 사용하면 안 된다.

어휘_satisfy 만족시키다

정답_(a)

9.

해석_ 거대한 파충류의 피부에 의해 만들어진 흔치 않은 공룡의 발자국은 감명 깊었다.

해설_less가 있으므로 비교의 접속사가 필요하다.

어휘_dinosaur 공룡 **reptile** 파충류

정답_(d)

10.

해석_ 이 건물은 저 건물보다 두 배 높다.

해설_ 배수사 + **as** + 원급 + **as**의 구문이다.

정답_(d)

11.

해석_ 항해술은 종종 과학이며 또한 예술로 여겨진다.

해설_ 수동태 문장이 어울리며 문장의 주어, 동사가 필요하다.

정답_(a)

12.

해석_ 공부하는 것은 시간을 효율적으로 이용하는데 최상의 방법이다.

해설_ 'as ~ as any'는 원급에 의한 최상급 비교이다. **as a good way as = as good a way as**, **as**는 부사로 형용사와 함께 한정사 **a** 앞으로 이동하여 전치한정사가 된다.

정답_ (a)

13.

해석_ A: 이사 가고 싶어?
　　　B: 뭐? 이사? 무슨 뜻이야?
　　　A: 교외로 가자고. 괜찮을 것 같지 않아?
　　　B: 응, 하지만 친구들이 그리울 거야.

해설_ 답변에 **I'd**에서 **would**가 쓰였고, '~할 것 같지 않아?'라고 묻는 문구에서 **would**가 쓰인다.

정답_ (c) should → would

14.

해석_ A: 정말 호화로운 식당이다. 그치?
　　　B: 음식도 대단했어. 내가 얼마나 내야 하지?
　　　A: 오늘 밤은 내가 낼게. 정말, 내가 낼게.
　　　B: 고마워.

해설_ **is**의 부가의문문으로 **isn't it**이 온다.

정답_ (a) should → isn't

15.

해석_ (a) 좋든 나쁘든, 많은 일들이 우리의 삶 속에서 일어날 수 있다. (b) 그러나 특별한 기념 의식에 의해 특징지어지는 날이 있다. 우리가 태어난 날, 결혼한 날, 죽는 날이 그러하다. (c) 모든 인간은 이러한 사건들에 의해 영향을 받고 모든 사회는 공통의 특징을 공유한다. (d) 사회 간의 유일한 차이점은 이러한 사건을 기념하는 방법이다.

해설_ 주어가 동작의 주체가 아닌 경우로 수동태 문장이 적합하다.

정답_ (d) celebrated → are celebrated

Part V
기타 구문

Chapter 18 문장의 어순

STEP 3 BASIC PRACTICE

1.

해석_ 나는 그녀가 어디 출신인지 모른다.

해설_ 간접의문문의 어순을 묻고 있다.

정답_ she comes

2.

해석_ 내가 입학시험에 합격한다면, 우리 부모님이 무척 기뻐하실 것이다.

해설_ 가정법의 **If** 생략시의 어순을 묻고 있다.

정답_ Should I

3.

해석_ 그녀가 집에 도착하자마자, 비가 심하게 내리기 시작했다.

해설_ 부정어가 문두에 오면서 주어와 동사의 위치가 바뀌어 어순이 변화되는 것을 아는지 묻고 있다.

정답_ had she

4.

해석_ 탐은 멋진 새 집에 산다.

해설_ 형용사의 어순을 묻고 있다.

정답_ nice new

5.

해석_ 수잔은 4월부터 캐나다에서 지내고 있다.

해설_ 장소와 시간 수식어구의 올바른 어순을 묻고 있다.

정답_ in Canada since April

6.

해석_ 당신은 집을 매 주말 청소하십니까?

해설_ 명사와 시간 표시 부사 사이의 올바른 어순을 알아야 한다.

정답_ every weekend the house → the house every weekend

7.

해석_ 나는 파리에 월요일에 갈 것이다.

해설_ 장소가 시간 전에 나온다.

정답_ on Monday to Paris → to Paris on Monday

8.

해석_ 나는 내 개를 무척 좋아한다.

해설_ 동사 뒤에는 목적어가 나와야 한다.

정답_ very much my dog → my dog very much

9.

해석_ 나는 집을 청소했고 또한 저녁도 요리했다.

해설_ 일반적으로 부사는 동사 앞에 쓴다.

정답_ cooked also → also cooked

10.

해석_ 그녀는 계단을 내려오다가 넘어질 뻔했다.

해설_ 부사 **almost**는 동사 앞에 써야 한다.

정답_ fell almost → almost fell

STEP 4 ACTUAL TEST

1.

해석_ A: 안녕, 나는 힐러리의 오빠 Greg이야.
　　　 B: 드디어 너를 만나서 기쁘다.

해설_ 부정사를 수식하는 직접적인 부사는 **to**와 동사 사이에 있어야 한다.

어휘_ **finally** 드디어

정답_ (a)

2.

해석_ A: 어제 우리는 전화 통화했었지. 나는 **Fred**야.
　　　 B: 이제 기억난다. 넌 전화에서와는 목소리가 다르네.

해설_ 문맥상 과거시제가 와야 하며, 감각동사 다음에는 형용사를 써준다.

어휘_ **sound** 소리가 나다

정답_ (c)

3.

해석_ A: 그녀는 최근에 전근 온 새로운 사장님이야.
　　　 B: 정말? 그녀의 이름이 뭐야?

해설_ **get transferred**는 '전근하다'의 의미로 **recently**는 동사를 수식하므로 바로 앞에 쓰인다.

어휘_ **get transferred** 전근하다

정답_ (a)

4.

해석_ A: 난 지루할 때 산책하는 것을 좋아해. 너는 어때?
　　　 B: 난 팝음악을 들어.

해설_ 지루할 때마다 가는 것이므로 과거가 아닌 단순 현재 시제가 쓰이고, 사람에게 감정동사가 쓰일 때는 과거분사의 형태로 쓰인다.

어휘_ **be bored** 지루해하다

정답_ (a)

5.

해석_ A: 그가 언제 우리 집에 들를까?
　　　 B: 며칠 안에 우릴 방문할 거야.

해설_ '며칠 안에'의 뜻으로 사용될 때는 **within**이 사용되며, '몇 시간 안에'의 경우에도 마찬가지이다.

어휘_ **stop by** 잠깐 들르다　**within** ~안에

정답_ (d)

6.

해석_ A: 난 그 케이크 별로였어.
　　　 B: 나도 그래. 그것은 나에게 너무 달았어.

해설_ 여기서는 부정의 의미이기 때문에 **too**를 사용해야 한다.

정답_ (a)

7.

해석_ 당신은 어떻게 자녀가 **TV**를 너무 많이 보지 않도록 할 수 있는가?

해설_ **get**은 목적보어로 **to**부정사나 과거분사를 사용하는데 여기서는 **child**와의 관계가 능동이므로 **to**부정사를 써야 한다.

정답_ (d)

8.

해석_ 나는 내가 왜 그런 일을 했는지에 관해 그를 이해시킬 수가 없었다.

해설_ 사역동사 **make** 다음에 목적보어를 넣어야 하는 자리로 목적보어는 능동 관계이므로 원형부정사가 적절하다.

어휘_ **reason** 이유

정답_ (a)

9.

해석_ 그 세계적으로 유명한 그림은 그의 아들의 죽음 이후 지금까지 벽에 걸려 있다.

해설_ 그림이 과거부터 계속 걸려 있는 것이기 때문에 현재완료진행형이 쓰였다.

어휘_ **painting** 그림　**hang** 걸리다

정답_ (a)

10.

해석_ 과학 분야에서 우리가 더 많은 진보를 이룩할수록, 우리는 더 많은 두려움을 느끼고 죽음의 진실을 부정하려고 한다.

해설_ **seem**은 2형식 동사라서 **fearful**이 되어야 한다.

정답_ (d)

11.

해석_ 이제 게임이 끝났으므로 야구 팬들은 경기장을 떠나고 있다.

해설_ **now that** (~이기 때문에) 이하는 주절의 원인에 해당되는 내용이므로 **now that**을 선택한다.

어휘_ **be over** 끝나다

정답_ (d)

12.

해석_ 솔직히 말해서, 우리 제품은 질적인 면에서 다른 제품에 떨어진다.

해설_ 라틴계 비교는 to를 쓴다. 부정대명사 other는 복수일 때는 others이다.

정답_ (c)

13.

해석_ **A:** 안녕하세요, 무엇을 도와드릴까요?

B: 우리가 만나기로 계획했던 것보다 좀 더 일찍 만나면 안 되나요? 27일쯤은 어떠세요?

A: 오, 난 29일까지 자리에 없어요.

B: 그런데 전 정말 당신을 그것보다는 일찍 만날 필요가 있어요.

해설_ need는 to부정사를 목적어로 취하는 동사이다.

정답_ (d) seeing → to see

14.

해석_ **A:** 내가 전에 말한 이탈리아 식당에 가자.

B: 좋아. 내 차로 갈까?

A: 그래도 괜찮지만, 주차할 곳을 찾기 힘들 거야.

B: 그럼 택시 타고 가자.

해설_ '우리 ~하는 게 어때?' 권유의 형태로 Shall we가 쓰여야 한다.

정답_ (b) Would → Shall

15.

해석_ **(a)** 잡초의 씨는 염소의 몸을 통과할 수 없다. **(b)** 그래서 새로운 잡초로 자랄 수 없다. **(c)** 농부들은 독성물질이 야생동물이나 심지어 개와 같은 애완동물을 죽일 수 있기 때문에 화학제품 사용을 싫어한다. **(d)** Montana의 어떤 회사는 잡초를 먹도록 염소를 임대까지 한다.

해설_ 명사는 so가 수식하지 못하며 such가 적합하다.

정답_ (c) so → such

Chapter 19 생략, 도치

1.

해석_ 어미의 주변을 따르기 위해 굴을 떠나는 것은 새끼 고슴도치가 그의 눈을 뜰 때까지는 안 된다.

해설_ 부정어 Not until이 문장 앞에 나왔으니 주어, 동사가 도치되어야 한다.

어휘_ infant 아기, 새끼 hedgehog 고슴도치

정답_ does it leave

2.

해석_ 만일 당신이 함께 있다면, 나는 행복할 텐데.

해설_ If가 생략되면서 도치가 일어난 경우이다.

정답_ Were

3.

해석_ 작년부터 버스회사가 노인의 요금을 깎아주기 시작했고, 택시회사 중의 한 곳도 그렇게 했다.

해설_ and so 뒤와 그 앞은 병렬 관계이다. 따라서 앞문장이 과거이기에 뒷문장도 과거가 필요하며 so 뒤는 도치되어야 한다.

어휘_ offer 제공하다 fare (공공)요금

정답_ did

4.

해석_ 내가 너의 주소를 알았다면 너에게 꽃들을 좀 보냈을 텐데.

해설_ if가 생략되면서 had가 앞으로 나온 가정법 도치 형태이다.

어휘_ address 주소

정답_ had

5.

해석_ 비록 그는 가난해도, 그러한 짓을 할 사람이 아니다.

해설_ '양보'의 의미로 보아 도치를 할 수 있는 접속사는 as이다.

정답_ as

6.

해석_ 난 그가 의미했던 것을 모른다.

해설_ 간접의문문에서는 도치가 일어나지 않는다.

어휘_ mean 의미하다

정답_ did he mean → he meant

7.

해석_ 여행 가이드는 항상 사람들에게 그들이 어디로 가고 있는지를 알려야만 한다.

해설_ 여기는 간접의문이기에 도치가 일어나지 않는다.

어휘_ inform 알리다

정답_ are they → they are

8.

해석_ 내가 만약 그 지역의 교통 체증에 대해 알았더라면, 나는 다른

길로 갔을 것이다.

해설_ 가정법 과거완료로서 if가 생략되면서 문두에 **had**가 쓰인 도치문이다.

어휘_ **traffic jam** 교통체증 **alternative** 대안의, 대신할 만한

정답_ **Do → Had**

9.

해설_ Jenny는 약속을 결코 지킨 적이 없다.

해설_ 부정어로 인해 도치가 일어나는 경우 부정어가 문두에 나온다.

정답_ **Had never → Never had**

10.

해설_ 난 네 책을 읽은 적이 없고, 나의 학생들도 그렇다.

해설_ 부정어에 대한 동조를 나타낼 때는 **so**가 아니라 **neither**이다.

정답_ **so → neither**

STEP 4 ACTUAL TEST

1.

해석_ A: 그 직책에 요구되는 것은 무엇이니?

　　 B: 그 회사는 영어를 유창하게 구사할 수 있는 사람을 고용할 거야.

해설_ **the man**을 나타내는 주격관계대명사 **who**가 와야 한다. **they say**는 삽입어구이므로 주의한다.

어휘_ **fluent** 유창한

정답_ **(a)**

2.

해석_ A: 연필이 필요하세요, 펜이 필요하세요?

　　 B: 아무거나 괜찮아요.

해설_ '**either ~ will do**'는 '둘 중에 어느 것이라도 좋다', 또는 '괜찮다'의 의미이다.

정답_ **(b)**

3.

해석_ A: 나는 아직 리포트를 끝내지 못했다.

　　 B: 그러나 너는 끝냈어야 했어.

해설_ '~했어야만 했다'의 의미에 알맞은 것은 '**should + have + 과거분사**'를 써준다.

정답_ **(d)**

4.

해석_ A: Dharma는 미국인이야?

　　 B: 응, 그녀는 미국인이 확실해.

해설_ **must be**는 '~임에 틀림없다'라는 뜻이다.

정답_ **(a)**

5.

해석_ A: 구슬들은 얼마입니까?

　　 B: 15달러입니다.

해설_ '의문사 + 조동사 + 주어 + 동사' 순으로 되어야 한다. (c)의 경우 주어가 복수이므로 주어와 동사의 수 일치를 위해 **does** 대신 **do**를 써야 한다. (a)와 (b)는 의문문인데도 불구하고 조동사가 빠져 있으므로 오답이다.

정답_ **(d)**

6.

해석_ A: 그가 결정을 들었습니까?

　　 B: 예, 그는 결정을 듣고 매우 기뻐했습니다.

해설_ 과거이고 사람에게 감정동사가 쓰였으므로 수동태의 과거형 태로 쓰였고, 결정에 의한 것이므로 **by**가 쓰인다.

어휘_ **be delighted** 기뻐하다

정답_ **(b)**

7.

해석_ A: 그를 보았니?

　　 B: 그를 보았는데 그의 빨간 넥타이 때문에 웃지 않을 수 없었어.

해설_ **cannot help -ing**의 구문이다.

어휘_ **laugh** 웃다

정답_ **(b)**

8.

해석_ 내 손을 잡고 있는 힘이 너무나 강해서 아픔이 커짐에 따라 나는 고통의 비명을 질렀다.

해설_ 결과절을 이끄는 '**so ~ that**' 구문이다. **so**가 원래 자리에서 앞으로 나가면 도치된다.

정답_ **(a)**

9.

해석_ 우리는 집을 나오자마자 허리케인을 만났다.

해설_ 부정어가 문두에 올 때 '주어 + 동사'는 도치된다.

정답_ **(b)**

10.

해석_ 3년이 지나고나서야 비로소 완전한 진실이 드러났다.

해설_ 부정어가 앞에서 나와서 도치 되었다. '**not until~ do ~ + 주어 + 본동사**'로 '하고 나서야 비로소 ~하다'의 의미이다.

어휘_ **whole** 완전한, 전체의 **come to light** 나타나다, 밝혀지다

정답_ **(a)**

11.

해석_ 그가 집에 도착하자 비가 퍼붓기 시작했다.

해설_ 부정어 **no sooner**가 문두에 위치해 도치되어야 한다.

어휘_ **no sooner ~ than** ~하자마자

정답_ **(a)**

12.

해석_ 나는 이 어휘가 의미하는 것을 모른다.
해설_ 간접의문문에서는 주어, 동사의 도치가 일어나지 않는다.
정답_ (c)

13.
해석_ A: 존, 지금 한가해? 나 대신 슈퍼마켓 갔다올래? 달걀, 상추, 토마토가 좀 필요해.
　　 B: 좋아. 어디든 나갈 생각이었어.
　　 A: 승용차로 갈 거야?
　　 B: 아니. 운동 좀 해야 해서.
해설_ exercise 앞에는 약간을 의미하는 수식어가 오는 것이 적합하다. something은 형용사 역할을 하지 못한다.
정답_ (d) something → some

14.
해석_ A: 뭐가 문제예요?
　　 B: 우리가 작업한 기록을 내가 지운 것 같아요.
　　 A: 진정하세요. 오늘 일찍 사본을 만들어 놨어요.
　　 B: 휴, 다행이네요. 하지만 지금부터 더욱 주의해야겠어요.
해설_ 그들이 하고 있는 그 문제가 무엇이냐고 묻는 것이므로 정관사 the가 쓰여야 한다.
어휘_ matter 문제 relief 안도, 안심
정답_ (a) a → the

15.
해석_ (a) 플로리다 반도의 남쪽 절반이 일요일에 허리케인 경보하에 있었다. (b) 비록 아직 플로리다 주에서는 멀리 떨어져 있었지만 윌마의 바깥쪽 비구름은 남 플로리다의 도로를 물로 넘치게 만들었다. (c) 기상학자들은 폭풍우의 중심이 월요일에는 주 전체를 거세게 덮칠 거라고 예상했다. (d) 사람들이 대피함에 따라 준비를 위한 시간이 급속히 행동 시간으로 옮겨지고 있다.
해설_ said로 보아 be동사는 was가 쓰여야 적절하다.
어휘_ peninsula 반도 flood 범람하다
　　 meteorologist 기상학자 evacuate 피난시키다
정답_ (c) be → was

Final Test 1

1.
해석_ A: 난 바닐라 스카이 같은 영화는 좋아하지 않아.
　　 B: 나도 마찬가지야. 내가 이해하기엔 너무 복잡해.
해설_ '너무 ~해서 ~할 수 없다'의 의미를 가진 'too ~ to' 용법이 적절하다.
정답_ (a)

2.
해석_ A: 비가 얼마나 오랫동안 왔어?
　　 B: 1시부터 계속 내리고 있어.
해설_ 비가 과거부터 현재까지 계속 오고 있기 때문에 'has been + 과거분사'가 쓰였다.
정답_ (d)

3.
해석_ A: 그가 여기 언제 왔어?
　　 B: 그는 내가 부재중일 때 왔어.
해설_ 일정한 기간을 명시해주고 있으므로 전치사 during이 적합하다.
정답_ (c)

4.
해석_ A: 오늘 밤 언제 나에게 전화할 거니?
　　 B: 퇴근 후에 집에 와서 할게.
해설_ when이 이끄는 부사절에서는 현재가 미래를 대신한다.
정답_ (c)

5.
해석_ A: Joe와 Carol이 언제 처음 만났니?
　　 B: 그들은 대학에서 처음 만났어.
해설_ 주절과 종속절의 시제를 일치시킨다.
정답_ (a)

6.
해석_ A: 그가 뭐라고 말했니?
　　 B: 그는 사악함은 실재하고 대항해야 한다고 말했어.
해설_ '~해야 한다'는 의미가 적합하므로 조동사 must를 써주며 문맥상 수동태 문장이 어울린다.
정답_ (b)

7.
해석_ A: 그에게 투표할 겁니까?
　　 B: 그건 사적인 문제입니다.
해설_ matter가 '일'의 의미로 쓰일 때는 셀 수 있다.
어휘_ private 사적인, 개인적인
정답_ (a)

8.

해석_ A: 이것이 무슨 문제가 있니?

B: 수프에 머리카락이 있어.

해설_ 머리카락은 불가산과 가산, 두 가지 형태가 다 있는 명사이며 여기에서는 가산명사로서 '하나의 머리카락이 들어가 있다'는 의미이다.

정답_ (b)

9.

해석_ A: 월요일 저녁에 올 수 있니?

B: 나도 그러고 싶지만, 테니스 칠 예정이야.

해설_ 가까운 미래를 표현하는 것이므로 현재진행형을 써주며 운동 경기명 앞에는 관사를 붙이지 않는다.

정답_ (a)

10.

해석_ A: 나 부모님 집에 다시 들어가야 해. 집세를 감당할 수 없어서.

B: 안됐다. 그 상황이 싫겠구나.

해설_ A가 한 말을 대신 받는 대명사로는 **that**이 가장 적합하다.

어휘_ **move back in** 재입주하다

정답_ (a)

11.

해석_ A: 라이터를 집에 놓고 온 것 같아. 혹시 내 라이터 봤어?

B: 아니, 근데 찾아볼게.

해설_ 앞에 나오는 **my lighter**를 대신 받으려면 단수이어야 하므로 **it**을 써준다.

정답_ (b)

12.

해석_ A: 너 돈 좀 있니?

B: 어, 있어. 좀 빌려줄까?

해설_ 얼마 간의 양을 대신하는 대명사 **some**을 써준다.

정답_ (b)

13.

해석_ A: 여기서 가장 좋은 것이 뭐니?

B: 상쾌한 공기, 햇빛 그리고 긴 산책이 좋아.

해설_ **enjoy**는 목적어로 **to**부정사를 쓰지 않는다. **and** 앞의 것과 병렬 구조를 이루는 **enjoy**의 목적어로 **taking**이 적합하다.

정답_ (d)

14.

해석_ A: 그녀가 왜 자주 회의에 늦는지 아니?

B: 그녀는 일찍 일어나는 것에 익숙하지가 않아.

해설_ 동명사의 관용어구 **be accustomed to -ing**를 묻고 있다.

정답_ (a)

15.

해석_ A: 이번에, 너의 일은 완벽했어.

B: 똑같은 실수를 다시 하지 않으려고 열심히 노력했어.

해설_ **try to**(~하려고 노력하다), **hard**(열심히)와 **hardly**(거의~ 않다)의 의미를 구분해야 한다.

정답_ (b)

16.

해석_ A: 나 거의 끝나가.

B: 어떻게 그렇게 빨리 일을 끝낼 수 있어?

해설_ **manage**는 **to**부정사를 목적어로 취한다.

정답_ (a)

17.

해석_ A: 킴벌리를 도와주는 게 어떨까?

B: 나는 그녀의 수학문제를 도와주는 거 찬성이야.

해설_ **agree**는 **to**부정사를 목적어로 취한다. '**help A with B**'는 'A가 B하는 것을 돕다'의 의미이다.

정답_ (d)

18.

해석_ A: 안녕, 난 Van Lew야.

B: 오, 난 너에 대해 많이 들었어.

해설_ '**have + 과거분사**' 형태의 현재완료에 **a lot**은 '많은'을 의미하는데 수와 양의 개념을 다 가지고 있다.

정답_ (a)

19.

해석_ A: 난 단지 어젯밤에 대해 사과하고 싶었어.

B: 오, 아니야. 넌 사과하지 않아도 돼.

해설_ **last night**이 있으므로 과거 시제로 써야 하고, **just**는 일반 동사 앞에 위치한다.

정답_ (a)

20.

해석_ A: 나는 저녁 뉴스 보는 것을 좋아하지 않아.

B: 나도 동의해. 그건 너무 우울해.

해설_ **too** '너무(부사)'는 형용사를 수식할 수 있다. **many**는 수량 형용사로 가산명사를 수식한다. 또한 **news**가 우울하다는 내용이므로 과거분사가 아닌 현재분사를 써야 한다.

정답_ (a)

21.

해석_ 그는 학교로 가거나 교회로 가야 한다.

해설_ '**either A or B** (A 또는 B)' 상관접속사를 아는지 묻는 문제이다.

정답_ (a)

22.

해석_ 그는 서류에 권한을 위임하기를 거절했다.

해설_ **refuse**는 **to**부정사를 목적어로 취한다.

어휘_ **comply** 동의하다

정답_ **(c)**

23.

해석_ 사전에 환경법에 대한 지식이 없으면 **Matthews** 씨는 너의 질문과 같은 기술적인 질문에 거의 대답할 수 없을 것이다.

해설_ **hardly**(거의 ~ 않다), **be expect to**(~ 하기로 예상되다)

정답_ **(b)**

24.

해석_ 핵발전소의 주변에 사는 것이 화학발전소나 정유공장 주변에 사는 것보다 더 위험하지 않다는 것을 나타내는 몇몇 리포트가 있다.

해설_ **no more ~ than** ~과 같이 ~이 아니다

어휘_ **refinery** 정유소 **plant** 공장

정답_ **(a)**

25.

해석_ 모든 물리학자들은 중력이 지구와 행성들이 태양 주변을 도는 궤도를 유지시키는 힘이라는 것을 믿고 있다.

해설_ 명사절 **that**을 써주는 것이 적합하며 중력 앞에는 관사가 생략된다.

정답_ **(a)**

26.

해석_ 그녀는 동료들을 설득하는데 너무나 성공적이어서 위원회에서는 그녀의 제안을 만장일치로 받아들였다.

해설_ '**so + 형용사**'가 문두로 가면 주어와 동사가 도치되어, '**so + 형용사 + 동사 + 주어 ~ that**'이 된다.

어휘_ **successful** 성공적인 **colleague** 동료, 친구
committee 위원회 **approve** 승인하다
proposal 제안 **unanimously** 만장일치로

정답_ **(b)**

27.

해석_ 숙련되지 않은 농부는 아무리 열심히 일하더라도 크게 성공할 수 없다.

해설_ **no matter how + 형용사**(아무리 ~할지라도) 구문을 이해하고 있는지를 묻는 문제이다.

어휘_ **unskilled** 숙련되지 않은

정답_ **(a)**

28.

해석_ '**foot**'이라고 알려진 측정 단위는 원래 인간의 평균 발 크기에 기초한 것이다.

해설_ **be based on** '~에 토대를 두다'이므로 **has been**이 되어

야 한다.

어휘_ **measurement** 치수, 측정

정답_ **(a)**

29.

해석_ **Susan**과 나는 강연에 갈 수 있지만 **Charles**는 갈 수 없다.

해설_ 의견에 동조하는 '**so + can + 주어**'의 형식이 없으니까 **(c)**의 형식을 쓴다.

정답_ **(c)**

30.

해석_ 내가 출발하자 비가 퍼붓기 시작했다.

해설_ **hardly**는 **rarely**와 같이 '거의 ~않는' 의미를 갖는 (준)부정어이다. (준)부정어가 문두에 왔을 때 도치가 일어난 문장의 어순을 아는지 묻는 문제. (준)부정어가 문두로 가면서 **had**와 **I**가 도치되었다.

정답_ **(c)**

31.

해석_ 어른이 되어서야 나는 건강의 고마움을 알게 되었다.

해설_ '**it is not until ~ that**' ~ 하고 나서야 ~하다

정답_ **(d)**

32.

해석_ 이보다 더 재미있는 영화가 제작된 적이 없었다.

해설_ 뒤에 **than**이 나온 것으로 보아 비교급이 들어가야 한다, 부정어가 문장 앞에 오면 주어, 동사는 도치된다.

정답_ **(a)**

33.

해석_ 그는 그의 시계를 수리하도록 시켰다.

해설_ 사역동사 **have** 다음에는 목적어와 목적보어를 넣어야 하는 자리로, 목적보어에는 '그의 시계가 수리되어지는 것'의 의미로 수동의 관계이므로 과거분사를 써야 한다.

어휘_ **repair** 수리하다, 고치다

정답_ **(c)**

34.

해석_ 자신의 고통스러운 감정을 드러내는 것을 두려워하는 사람들에게서, 의사들은 참고 있는 눈물은 천식이나 다른 질병들을 유발할 수 있다는 것을 발견했다.

해설_ 사역동사 **let** 다음은 목적어와 목적보어를 넣어야 하는 자리로, 목적보어는 그들 자신을 가리키므로 재귀대명사가 와야 하며, 목적보어와의 관계가 능동이므로 원형부정사를 넣어야 한다.

정답_ **(a)**

35.

해석_ 이 비밀은 우리만 알고 있는 편이 낫겠어, 그렇지 않니?

해설_ 부가의문문의 형태를 묻고 있는 문제이다. 주절의 '동사의 부정 + 주어'의 형태로 써준다.

정답_ (c)

36.

해석_ 회사 임원들이 서명하게 될 계약서는 곧 만기가 도래하는 5년짜리 계약서를 대체할 것입니다.

해설_ 주어가 **The contract**이므로 동사는 **replaces** 또는 **will replace**가 되어야 한다.

어휘_ **contract** 계약서 **official** 임원, 직원 **sign** 서명하다 **replace** 대신하다, 대체하다 **agreement** 계약, 협약 **expire** 만료되다

정답_ (c)

37.

해석_ 심리학자들의 성과급이 사람들로 하여금 생산성을 증가시키도록 만든다고 믿는다.

해설_ 사역동사 **make** 다음은 목적보어를 넣어야 하는 자리로 목적보어는 원형부정사가 들어가야 한다.

정답_ (c)

38.

해석_ 나는 지난 밤 콘서트에서 플라시도 도밍고가 노래하는 것을 들었다.

해설_ 지각동사의 목적보어는 목적어와 목적보어의 관계가 능동일 때 원형부정사 혹은 현재분사가 온다.

정답_ (a)

39.

해석_ 필요한 것은 음식과 물의 지속적인 공급뿐이다.

해설_ 선행사 **All**이 나왔으므로 관계대명사 **that**이 이끄는 형용사절이 나와야 한다.

정답_ (d)

40.

해석_ 시험을 준비하는 사람들이라면 누구나 다음의 개념들을 알고 있어야 한다.

해설_ **anyone**이 능동적으로 준비(**prepare**)하는 경우이고 **anyone**을 수식할 형용사가 필요하므로 현재분사인 **preparing**이 맞다. 문장의 동사는 **should be aware**이기에 (d)와 같은 동사구는 올 수 없다.

정답_ (b)

41.

해석_ A: Greg 선생님을 아니?
　　　 B: 어, 나는 그를 매우 잘 알아.
　　　 A: 내가 듣기론 훌륭한 외과의사라는데.
　　　 B: 그는 친절한 사람이야.

해설_ 부정관사를 써주는 것이 맞다.

정답_ (c) the → a

42.

해석_ A: 우리 그 쇼를 보러 갈 거야. 네 아빠도 가고 싶어하실 거야. 몇 시에 비행기가 도착하지?
　　　 B: 5시요.
　　　 A: 아주 좋아, 그 쇼는 5시 반에 시작할 거야.
　　　 B: 잘 됐네요.

해설_ 긍정문에 대한 동의를 나타낼 때에는 **too**를 사용한다.

정답_ (a) either → too

43.

해석_ A: 등록 절차 어떻게 되었어요?
　　　 B: 매우 잘 되었어요. 내가 원하는 모든 코스를 등록했어요. 그런데 한 가지 헷갈리는 것이 있어요.
　　　 A: 그게 뭔데요?
　　　 B: 거기 사람들이 나는 97반이래요. 난 그게 무슨 의미인지 이해가 안 돼요.

해설_ 선행사를 포함한 관계대명사 **what**이 와야 한다.

정답_ (d) which → what

44.

해석_ A: 좀 나아진 것 같아요?
　　　 B: 한동안 그랬어요. 그런데 지금 다시 아파요.
　　　 A: 유감이에요. 약 좀 더 드릴게요.
　　　 B: 고맙지만, 정말 필요할 것 같지 않아요.

해설_ 잘못된 부정관사를 제거해야 하는 문제이다.

정답_ (d) a 삭제

45.

해석_ A: 너 들었어? 나 리옹에 있는 일자리를 제안받았어.
　　　 B: 몰랐어. 축하해.
　　　 A: 그런데 모르겠어. 내가 그것을 수락해야 할지. 그건 가족 모두가 전혀 다른 방향으로 이주해야 한다는 것을 의미하거든.
　　　 B: 너에겐 조언이 필요해. 친구에게 묻는 것은 어때? 예를 들면 피에르.

해설_ 병렬 구조를 아는지 묻고 있는 문제이다.

정답_ (c) moved → moving

46.

해석_ **(a)** 단체로 다른 나라를 관광하는 전형적인 관광객을 상상해 보자. **(b)** 그는 아마도 공항이 붐비고 불친절한 성수기에 여행할 것이다. **(c)** 그의 전세 비행기는 몇 시간 연착될 것이다. **(d)** 게다가 그가 만날 유일한 현지인은 관광객들을 위한 임무를 수행하기에는 결코 행복하지 않은 과로한 종업원들과 호텔 직원들일 것이다.

해설_ 수동태 문장을 사용할 수 있는지를 묻는 문제이다. **delayed** 앞에 **be**를 써야 한다.

정답_ (c) will → will be

47.

해석_ **(a)** 사람은 단순히 스펀지처럼 지식을 빨아들이지 않는다. **(b)** 우리는 교과서를 읽고 추상적인 원리를 이해함으로써가 아니라, 그 분야의 문제들을 실제로 풀어봄으로써 기술을 배우는 것이다. **(c)** 교과서는 그 지식을 언제 적용하느냐를 가르쳐 주지는 않는다. **(d)** 사실상, 그것이 나중에는 배움에서 가장 중요한 부분이라는 것이 밝혀진다.

해설_ 전치사 **like**의 쓰임을 묻고 있다.

정답_ **(a)** alike → like

48.

해석_ **(a)** 외부와의 경험과 균형을 맞추어 독서를 하는 것이 중요하다는 것을 명심하라. **(b)** 여러분의 아이가 가능한 한 많은 사물, 장소, 사람들과 접하도록 하라. 농장을 방문하는 것이 농장에 관한 책을 읽는 것보다 더욱 더 교육적이다. **(c)** 거기서 여러분의 아이는 황소를 만지고 오리가 우는 소리를 듣고 건초의 냄새를 맡을 수 있다. **(d)** 이후에 이런 것들을 책에서 보게 된다면, 당신 아이에게 그것들은 참된 의미를 갖게 될 것이기 때문에 흥미 있고 재미있을 것이다.

해설_ 문맥상 이유를 나타내는 접속사가 와야 한다.

정답_ **(d)** though → because

49.

해석_ **(a)** 어떤 사람들은 다양한 상황의 필요를 충족시키기 위해 그들의 식사 패턴을 바꾼다. **(b)** 그들은 어떤 음식이 그들의 운동능력을 증대시키고, 체중을 줄이는데 도움을 주며, 낭만적인 분위기에 젖도록 해주는가에 대해 어떤 생각을 갖고 있다. **(c)** 예를 들어, 이러한 사람들은 육체적 활동을 위한 근력을 얻기 위해 과일과 야채를 선택한다. **(d)** 그들은 아침 식사로 섬유질이 풍부한 빵과 시리얼과 같은 음식을 선택하며, 사업상의 회의에 대비하기 위해 점심으로 샐러드를 선택한다.

해설_ 그러한 예를 들 때에는 **such as**를 쓴다.

정답_ **(d)** such → such as

50.

해석_ **(a)** 만약 희소성이 존재한다면, 그 선택은 개인들과 사회에 의해 이루어진다. **(b)** 이러한 선택은 '교환'을 포함하고, 그러한 교환 결과에 대한 인식을 필요시한다. **(c)** 예를 들면, 당신이 쓸 돈 25달러를 가지고 있고, 교과서와 데이트 가운데 하나를 선택해야 한다고 가정해보자. **(d)** 희소성은 두 가지 모두의 구입을 불가능하게 할 것이고, 책이나 데이트의 교환을 강요하게 된다.

해설_ 지시대명사의 단수 복수를 묻는 문제이다.

정답_ **(b)** This → These

Final Test 2

1.

해석_ **A:** 무엇이 네가 좋아하는 취미야?
　B: 내가 가장 좋아하는 것은 운동이야. 운동은 나에게 종교 같아.

해설_ **like** '~와 같은', 일반적인 종교를 가리키므로 부정관사 **a**를 써준다.

정답_ **(a)**

2.

해석_ **A:** 새로운 감독관에 대해 어떻게 생각해?
　B: 그는 열정을 가진 유능한 사람이야. 나는 그를 좋아해.

해설_ **what**과 **how**로 시작하는 의문문을 구별할 수 있는지를 묻는 문제이다.

정답_ **(a)**

3.

해석_ **A: Christina**가 패러글라이딩을 배우는 것을 원한다면, 그녀는 좀 더 건강해져야 해.
　B: 나는 그렇게 생각하지 않아. 누구라도 할 수 있어, 심지어 그녀라도.

해설_ 부정문에 쓰이는 부정대명사를 묻는 문제이다.

정답_ **(b)**

4.

해석_ **A:** 이 제품은 어린아이에게도 충분히 안전해?
　B: 닥터 굿은 아주 안전한 제품이야.

해설_ **enough**와 형용사의 어순을 묻는 문제이다.

정답_ **(d)**

5.

해석_ **A: Bill**은 일정이 미뤄진 것에 대해 기분 나빠했어.
　B: 나도 그랬어.

해설_ 부정문에 대한 동감을 표시할 때는 '**neither + 동사 + 주어**'를 쓴다.

정답_ **(d)**

6.

해석_ **A: Burke** 씨 밑에서 얼마나 오랫동안 일하셨어요?
　B: 2년이 넘어요.

해설_ 기간을 나타낼 때 알맞은 전치사를 묻는 문제이다.

정답_ **(c)**

7.

해석_ **A:** 30주년 창립 기념일 파티가 어떻게 진행되고 있어요?
　B: 지금까지는 좋아요. 모든 직원들이 즐거운 시간을 갖는 듯이 보여요.

해설_ 현재 상태를 서술하고 있으므로 현재 시제를 사용한다. **every**

가 있으면 단수 취급해야 한다.

정답_ (d)

8.

해석_ **A:** 나는 **James**가 상을 탔다는 게 믿어지지 않아.

　B: 그는 아주 똑똑하진 않지만, 매우 부지런한 직원이야.

해설_ 'so+형용사 + a/an + 명사' 의 어순을 묻는 문제이다.

정답_ (b)

9.

해석_ **A:** 낯선 이가 오면 문을 열지 마라, 설령 그가 경찰서에서 왔다고 하더라도 말이야.

　B: 네, 엄마. 그렇게 할게요.

해설_ 문맥에 알맞은 접속사를 묻는 문제로 문맥상 양보절을 이끄는 **even if**가 적합하다.

정답_ (a)

10.

해석_ **A:** 전시회의 이 섹션의 목적이 무엇입니까?

　B: 그 전시회의 한 부분은 **Theodore**의 작품을 포함하는 17세기 로마네스크에 대한 연구에만 할당될 것입니다.

해설_ **the Romanesque**를 선행사로 하는 주격 관계대명사가 필요하다.

어휘_ **exhibition** 전시회, 박람회 **be devoted to** ~에 전념하다 **include** 포함하다

정답_ (d)

11.

해석_ **A:** 언제 유럽여행 할 거니?

　B: 나는 다음 달 이 시간쯤이면 유럽을 여행 중일 거야.

해설_ 미래의 시점에 진행될 일을 나타내고 있으므로 미래진행형을 써준다.

정답_ (d)

12.

해석_ **A:** 사전에 등록하시면 30달러를 절약하실 수 있어요.

　B: 그렇다면 지금 하는 게 좋겠어요.

해설_ **had better:** ~ 하는 것이 좋다

정답_ (a)

13.

해석_ **A: Allen**에게 무슨 일 있어?

　B: 아니야. 그는 단지 아파서 집에 온 것뿐이야.

해설_ 집에 돌아왔을 때의 상태는 형용사로 묘사한다.

어휘_ **return home** 귀가하다

정답_ (a)

14.

해석_ **A:** 언제 시험 결과를 알 수 있나요?

　B: 월요일에야 알 수 있어요. 그래서 나는 일주일 내내 불안할 것 같아요.

해설_ 대화의 흐름으로 보아 **you**가 **inform**되는 대상이므로 수동태 문장을 사용하며 **inform of**(~를 공지하다)가 의미상 적절하다.

어휘_ **be on needless and pins** 매우 불안해하다, 안달하다

정답_ (a)

15.

해석_ **A** 이 다큐멘터리는 화성에 생명체가 없음을 입증해.

　B: 그러나 많은 사람들이 여전히 있다고 믿어.

해설_ 빈도부사의 위치를 묻는 문제이다.

정답_ (a)

16.

해석_ **A:** 한가한 시간에 뭘 하세요?

　B: 미국 드라마 보는 것을 즐겨요.

해설_ **enjoy**는 동명사를 목적어로 취하는 동사이다.

정답_ (a)

17.

해석_ **A:** 이번 학기 역사 수업이 너무 어려워.

　B: 내가 수업을 바꾸라고 조언했잖아. 너는 내 말을 들었어야 했어.

해설_ '~했어야 했는데 하지 않았다' 라는 의미를 지닌 조동사 **should**의 쓰임을 묻는 문제이다.

정답_ (d)

18.

해석_ **A: Crane**은 요즘 바르게 행동해.

　B: 꾸지람을 듣고 난 뒤 **Crane**은 사람들을 다르게 대해.

해설_ **people**은 복수형으로 사용하지 않으며 **treated**를 수식하려면 부사가 와야 한다.

정답_ (b)

19.

해석_ **A:** 연구원들이 그 결과에 대해 뭐라고 해?

　B: 연구원들은 결과는 두 가지 다른 방법으로 설명될 수 있다고 말해.

해설_ **the conclusion**은 설명되는 대상이므로 수동태 문장을 사용한다.

정답_ (c)

20.

해석_ **A: Rice** 교수가 우리 팀 리포트에 대해 오전 수업에 이야기하셨어?

　B: 아니 그 페이퍼에 대해 아무 말도 안 하셨어.

해설_ **remain** 뒤에서 보어 역할을 해야 하므로 형용사가 적절하다.

정답_(d)

21.

해석_ 그 법은 비이민자 비자를 가지고 있는 모든 사람은 매년 3월에 정부에 자신의 주소지를 신고할 것을 요구한다.

해설_ every가 쓰이면 동사도 단수가 되어야 하기에 requires가 되어야 한다.

정답_(a)

22.

해석_ 우리는 7월 2째 주까지 그 일을 끝낼 것이다.

해설_ 'by + 시간(~할 때 즈음에)'을 의미하는 표현이 있기에 미래완료를 써야 한다.

정답_(a)

23.

해석_ 외출하게 되면 우체국을 지나갈 거지?

해설_ 외출했을 때 일어날 일이므로 미래진행형 'will be -ing'를 사용해야 한다.

정답_(a)

24.

해석_ 상업 은행들은 대부에서 벌어들인 이자와 주식과 채권에의 투자로 대부분의 수익을 벌어들인다.

해설_ 문맥상 interest가 loan에서 얻어진 것이므로 earned가 되어야 한다.

정답_(a)

25.

해석_ Charles가 외국에서 전혀 살지 않았다면, 영문학은 아직도 간결함과 우아함이라는 이상을 가지고 있었을 것이다.

해설_ 가정법 과거완료가 와야 하는데 if가 생략되었으므로 주어, 동사가 도치되어야 한다.

어휘_ simplicity 간단, 단순, 순진

정답_(a)

26.

해석_ 그 신문사의 독자서비스부는 지난 2년간 독자들에게 최대의 서비스를 제공하기 위해서 헌신했다.

해설_ commit to -ing는 '~하는 것에 헌신하다'의 의미이다.

정답_(b)

27.

해석_ 국제 적십자 위원회는 상황을 평가하기 위해서 이번 주 늦게 수용소에 팀을 보낼 예정이다.

해설_ '부정사의 관용어구(be supposed to ~하기로 되어 있다)'를 묻는 문제이다.

정답_(a)

28.

해석_ Washington씨는 더 자세한 도면을 가지고 새로운 건설 계획을 설명하기를 제안했다.

해설_ suggest는 동명사를 목적어로 취하는 동사이다.

정답_(a)

29.

해석_ 쉬운 영어로 쓰여 있어서, 해리포터는 아이들에게 좋다.

해설_ it은 해리포터를 가리키는 대명사로 책은 쓰여진 대상이므로 수동태 문장으로 사용한다.

정답_(a)

30.

해석_ 사과는 파운드 단위로 팔린다.

해설_ 단위는 앞에 전치사 by가 오고 파운드 앞에는 정관사(the)를 붙인다.

정답_(b)

31.

해석_ 그 소년들 중 셋은 늦었지만 나머지 사람들은 모임에 정시에 왔다.

해설_ 특정한 그룹에서 나머지 사람들을 가르칠 때에는 정관사 the를 붙여주며 수 일치에 맞게 사용한다.

정답_(d)

32.

해석_ 다른 회사들과는 달리, 우리는 마지막 하나를 만들기 전에 여러 형태의 물리적 모델을 만들지 않는다.

해설_ 주어를 제외한 많은 다른 회사들이 특정한 것을 가리키는 것은 아니기 때문에 the를 쓸 수 없다.

정답_(a)

33.

해석_ 국제 위원회는 석방된 두 명의 남한 인질을 한국의 관계당국에 인계했다.

해설_ '관계된 당국'이라는 의미가 되어야 한다.

정답_(b)

34.

해석_ 많은 구매자들이 그 아파트에 관심을 나타냈다.

해설_ 가산명사에 알맞은 수량 형용사를 묻는 문제이다.

정답_(c)

35.

해석_ 가난한 사람들은 종종 그들의 자녀를 돌볼 돈이 없다.

해설_ 문맥에 알맞은 부사와 수 일치를 묻는 문제이다. rarely는 부정어의 의미를 가지고 있으므로 부정어가 있는 본문에 적합하지 않다.

정답_(b)

36.

해석_ 그는 도서관에서 시끄러웠을 뿐만 아니라 서가에 꽂힌 책들마 저 떨어뜨렸다.

해설_ not only A but also B 형식이다. 뒤의 but also가 있기 때문에 빈칸에는 not only가 와야 한다. 또한 부정어 not only가 문두에 오면 '조동사 + 주어'로 도치되어야 한다.

정답_ (b)

37.

해석_ Jack은 Sera가 아이였을 때부터 그녀를 알아왔다.

해설_ 현재완료이므로 '~ 이래로'를 의미하는 접속사 since가 적합 하다.

정답_ (a)

38.

해석_ 그는 거의 아인슈타인만큼 똑똑하다.

해설_ 부사로 쓰인 almost는 동등비교에 쓰인 부사 as를 수식하는 정도 부사이므로 as 바로 앞에 와야 한다.

정답_ (a)

39.

해석_ 남이 말을 걸 때까지 말하지 않는 것이 정찬 테이블에서의 예 의이다.

해설_ 문맥상 '네가 말을 할 때까지'가 아니라 '네가 말을 듣기 전에' 가 되어야 한다. spoken이 쓰여야 하고 speak은 사람을 목 적어로 하지 않기에 to가 붙어야 한다.

정답_ (a)

40.

해석_ 많은 종들은 환경의 질을 보여주는 지표가 된다. 하나의 종이 멸종 위험에 처해진다면, 그것은 일반적으로 자원에 문제가 있 다는 것을 의미한다.

해설_ 타동사 endanger의 수동태 문장이 와야 의미상으로 적절 하다.

정답_ (c)

41.

해석_ A: 나의 인터넷 서비스는 아주 느려, 인터넷 공급업체를 추천 해 줄 수 있겠니?

B: Faster's Inc에 연락해. 그들의 기술적인 지원은 이 업계 에서는 정말로 좋아.

A: 조언해줘서 고마워.

B: 네가 전화를 할 때에, 나의 이름을 이야기하는 것을 잊지 마. 그들은 너에게 신규 계약상의 할인을 해줄 거야.

해설_ 정관사와 부정관사의 용법을 묻는 문제이다.

정답_ (c) a → the

42.

해석_ A: 미안합니다만, 잠시 쉬었다 하면 안될까요? 문제가 생겼어 요.

B: 문제가 뭡니까?

A: 모르겠어요. 목이 아프고 높은 소리를 낼 수 없어요.

B: 뭔가를 좀 마셔야 될 것 같아요. 우리는 한 시간 동안 연습 해왔잖아요.

해설_ '연습을 해오고 있는 중'이므로 현재완료 진행형이 적합하다. 수동태는 어울리지 않는다.

정답_ (d) praticed → practicing

43.

해석_ A: 좋은 아침입니다. Michael의 집무실은 어디입니까?

B: 그는 지금은 도시를 벗어나 있습니다. 어쨌든, 오후에 돌아 올 겁니다.

A: 그에게 제가 몇 시간 내로 돌아온다고 전해주실래요?

B: 알겠습니다.

해설_ 'a couple of' 다음에는 복수가 와야 한다.

정답_ (c) hour → hours

44.

해석_ A: 안녕하세요, 파리 Hilton Hotel의 전화번호를 알고 싶습 니다.

B: 어떤 지역을 원하시는데요? 파리에는 세 개가 있습니다.

A: 중심가를 원합니다.

B: 알겠습니다. 전화번호는 345 -7893입니다.

해설_ '어떤 것을 선호하는가'에 대한 의문대명사 which가 적합하 다.

정답_ (b) What → Which

45.

해석_ A: Anabel, 지금 막 계란 파이를 만들었어.

B: 도와줘서 고마워. 정말로 도움이 됐어.

A: 나도 좋아서 한 건데 뭐.

B: 사람들이 도착을 하면 좋은 디저트가 될 거야.

해설_ 주어와 동사의 수 일치를 묻는 문제, 주어가 복수이므로 복수 동사를 사용한다.

정답_ (d) is → are

46.

해석_ (a) 남성은 이해관계를 중시하고 야심을 지닌 동물이다. (b) 남성은 본성적으로 북적거리는 세상 속에서 싸우며 살아가게 된다. (c) 남성에게 있어서 사랑이란 자신의 초년기를 그릴 듯 하게 미화한 것일 뿐이거나 막간에 울려나오는 노래일 뿐이다. (d) 남성은 명예와 부를 추구하고 세상 사람들에게서 인정을 받고자 하며 자신의 동료들 위에 군림하고자 한다.

해설_ 울려져 나오는 노래이므로 과거분사가 적합하다.

정답_ (c)

47.

해석_ (a) 최초의 오토바이는 1885년 고틀리프 다임러라는 독일 기술자에 의해 만들어졌다. **(b)** 다임러는 나무로 된 자전거에 엔진을 부착한 뒤 엔진에서부터 뒷바퀴에 있는 기어까지 벨트를 연결했다. **(c)** 그러나 토마스라고 부르는 최초의 진짜 오토바이가 만들어진 것은 1901년이 되어서였다. **(d)** 그 이후로 그것의 인기는 엄청나게 높아졌다.

해설_ and로 연결된 병렬 구조에 알맞게 동사 형태를 써주어야 한다.

정답_ (b) connecting → connected

48.

해석_ (a) 이리는 먹이사슬에서 중요한 위치를 점하고 있다. **(b)** 다른 모든 대형육식동물과 마찬가지로 이리는 작은 동물들의 수를 적정선에서 유지하는데 있어 중요한 역할을 한다. **(c)** 이리의 먹이에는 설치류도 상당수 포함된다. **(d)** 사슴사냥꾼으로서도 이리는 역시 이리에 못지않은 약탈자인 인간보다 훨씬 더 선별적으로 사냥을 함으로써 생태계에 도움을 준다.

해설_ the timber wolf를 대신 받으며 단수동사에 어울리는 소유격은 its이다.

어휘_ timber 목재, 수목 **timber wolf** 북미산 이리
carnivore 육식동물 **rodent** 설치류

정답_ (c) Their → Its

49.

해석_ (a) 오늘 여러분에게 버스에서 경험했던 것을 말하겠어요. **(b)** 버스는 만원이었고 난 문 가까이 서 있었죠. **(c)** 사람들이 버스를 타면서 서로의 발을 밟고 서로의 등을 밀었죠. **(d)** 승객들이 그런 상황을 싫어하지만 그들은 세상사가 그렇다는 걸 알고 있었죠.

해설_ 명사절을 이끄는 적절한 접속사를 선택할 수 있는지를 묻는 문제, realize의 목적어 역할을 하는 that절이 오는 것이 적합하다.

정답_ (d) what → that

50.

해석_ (a) 열대 우림과 같은 생태계는 하룻밤 사이에 나타난 것은 아니다. **(b)** 수십 년, 수백 년에 걸쳐 형성되는 것이다. **(c)** 생태계도, 사람이 유아로부터 성인으로 성숙해가는 것처럼, 성숙해 간다. **(d)** 들판이 결국은 숲으로 변해가지만, 그것은 먼저 반드시 여러 단계를 거쳐 나가며, 이는 인간의 발달 단계와 유사하다.

해설_ '~와 비슷한'이란 의미가 되어야 하므로 similar to가 되어야 한다.

정답_ (d) similarly → similar